Australien, Asien oder Europa: Werner Ziegler war in seinem Berufsleben in etlichen Ländern tätig. Er schildert aufregende, erheiternde, skurrile, aber auch gefährliche Situationen. »Newcomern« des internationalen Reisens gibt er wertvolle Hinweise zu »Dos and Don'ts« der ausländischen Geschäftswelt, wenn er voller Selbstironie zurückblickt auf Diskussionen mit Zollbeamten, abenteuerliche Flugerfahrungen und hartnäckige Verhandlungen mit ausdauernden Geschäftspartnern. Doch jeder Arbeitstag findet ein Ende, so weiß Ziegler auch Spannendes aus dem Nachtleben Bangkoks, von kulinarischen Highlights in Italien und hochwirksamen Cocktails in den USA zu berichten.

Werner Ziegler wurde in 1942 in Göppingen geboren. Nach einer Maschinenschlosserlehre und einer Ausbildung zum technischen Zeichner studierte er Maschinenbau und machte 1966 sein Diplom. Nach dem Studium arbeitete er in England als Entwicklungsingenieur. Aus den ursprünglich vorgesehenen zwei wurden 15 Jahre mit Kurzeinsätzen im Mittleren Osten. Er übernahm die Produktbereichsleitung in der Abteilung Spezialverladesysteme für Chemie-, Öl- und Flüssiggastanker. Ab 1981 war er bei verschiedenen Firmen als Vertriebsleiter, Marketingleiter und Prokurist weltweit für den Vertrieb von Verladeanlagen verantwortlich, mit Tätigkeitsschwerpunkten in Europa, im Mittleren Osten, in Asien und Nordamerika.

Werner Ziegler

# Globale Geschäftsreisen

## 1980 bis 2005

Erlebnisse – nicht zur Nachahmung empfohlen

Bibliografische Information der Deutschen Bibliothek

Die Deutsche Bibliothek verzeichnet diese Publikation
in der Deutschen Nationalbibliografie;
detaillierte bibliografische Daten sind im Internet
über <http://dnb.d-nb.de> abrufbar.


Satz und Layout: Buch&media GmbH, München
Umschlaggestaltung: Kay Fretwurst, Freienbrink
Herstellung und Verlag: Books on Demand GmbH, Norderstedt
Printed in Germany
ISBN 978-3-8334-7591-7

# Inhalt



## Australien



## Asien

## Europa



## Nordamerika

# Vorwort

Seit meiner Grundschulzeit war es mein Bestreben, mehr darüber herauszufinden, wie andere Völker rund um die Welt leben. Ich wollte dies möglichst mit meinem Beruf verbinden. Ich emigrierte von Deutschland nach England, direkt nach meinem Diplom im Maschinenbau 1966, um eine andere Kultur kennenzulernen und um meine Sprachkenntnisse zu erweitern. Aus den ursprünglich geplanten zwei Jahren in England wurden letztendlich 15 Jahre.

Fast 14 Jahre befasste ich mich mit der Entwicklung, Konstruktion und dem Projekt-Engineering von speziellen Schiffsbe- und -entladegeräten. 1980 wurde ich Vertriebs- und Marketingleiter für den internationalen technischen Verkauf. Die Kunden für solche Anlagen befinden sich in allen Ländern rund um die Welt. Dies führte zu umfangreichen Reisetätigkeiten innerhalb Europas, aber hauptsächlich auch im Mittleren und Fernen Osten, in Afrika sowie Nord- und Südamerika, um die Produktpalette bekannt zu machen, um technische Unterstützung während der Projektphase zu geben und nicht zuletzt um Lieferverträge sowie Wartungsverträge abzuschließen.

Von 1981 bis 2005 arbeitete ich in dieser Funktion in Deutschland. Ab 1991 hatte ich Prokura, sodass ich bei Vertragsverhandlungen selbstständig Abschlüsse tätigen konnte. In diesen Jahren erlebte ich in vielen Ländern umfassende Veränderungen und einige der geschilderten frühen Erlebnisse würden heute wahrscheinlich anders verlaufen. Die Menschen und ihre lokalen Sitten und Gebräuche ändern sich jedoch nur sehr langsam. Ich bin sicher, dass diese Geschichten immer noch dazu beitragen können, dass ein »Newcomer« des internationalen Reisens einige Fettnäpfchen vermeidet.

# Widmung

Dieses Buch widme ich meiner Frau Elisabeth, die mit ihrer Geduld und ihrem Verständnis meine ausgedehnten Reisen mit einem guten Gewissen erst ermöglicht hat.

Gerade in den ersten Jahren, als es weder Internet noch Handy oder Faxgeräte gab, war es schwierig, Kontakt nach Hause zu halten.

Damals war es durchaus üblich, für drei Wochen nach Fernost zu reisen, ohne dass meine Frau wusste, in welchem Land ich gerade war.

Auf meinen Reisen habe ich einige Menschen kennengelernt, die von ihren Familien weit weniger Unterstützung erfuhren.

Mein Dank gilt auch all meinen Auslandsvertretern und Partnern, ohne die das Reisen in manchen Ländern äußerst beschwerlich, wenn nicht fast unmöglich gewesen wäre.

# Einführung

## Was man bei internationalen Reisen berücksichtigen sollte

Der erste häufige Fehler ist, dass man es der Sekretärin oder dem Reisebüro überlässt, die Reise zu organisieren. Nur Sie wissen, welche Prioritäten Sie den verschiedenen Besuchen zuordnen müssen, die häufig an verschiedenen Orten und in unterschiedlichen Ländern stattfinden, und wie viel Zeit Sie dazu benötigen.

Auf Interkontinentalreisen werden Sie unweigerlich auch Wochenenden und lokale Feiertage überbrücken müssen. Es empfiehlt sich, diese Zeit für das Reisen von einem Ort zum anderen zu verwenden, anstatt nur zu warten.

Die Anreise aus Europa nach Fernost beispielsweise bietet sich freitags an. Auf diese Weise können Sie Ihre Termine in den islamischen Ländern des Mittleren Ostens bereits am Samstag, dem ersten Arbeitstag dort, beginnen. Dies bedeutet auch, dass Sie zunächst nur eine oder zwei Zeitzonen überbrücken müssen.

Nach zwei Arbeitstagen zum Beispiel in Abu Dhabi können Sie einen Nachtflug nach Singapur oder Bangkok nehmen und haben trotzdem immer noch vier Arbeitstage in dieser Woche übrig.

Sie sollten grundsätzlich nur Flugtickets mit vollem IATA-Tarif (open carrier/open return) verwenden. Nur solche Tickets geben Ihnen die benötigte Flexibilität, die ein Geschäftsreisender benötigt. Tickets mit Sondertarif können meist nicht umgetauscht werden, und wenn Sie Ihren Reiseplan ändern müssen, wird das unweigerlich sehr viel teurer.

Versuchen Sie, wo immer möglich, die Fluglinie nicht zu wechseln. Jeder Wechsel bringt die potenzielle Gefahr mit sich, dass Sie eine Verbindung verpassen oder dass das Gepäck verloren geht.

Auf jeden Fall sollten Sie sicherstellen, dass Sie für jedes Land, in dem Sie umsteigen, ein gültiges Einreisevisum haben. Falls nicht, kann es Ihnen passieren, dass Sie im Internationalen Transfer-Bereich des Flughafens festsitzen, ohne örtliche Währung und ohne Hotelzimmer, bis ein alternativer Flug geht.

Ich habe diese Erfahrung unter anderen in den Flughäfen Amman/Jordanien und Muskat/Oman gemacht und kann Ihnen versichern, dass diese Zeit (jeweils zwölf bis 13 Stunden) nicht sehr komfortabel war.

Es ist immer besser, das Visum schon im eigenen Land zu bekommen, selbst wenn Ihr Reisebüro Ihnen sagt, Sie könnten es am Zielort im Flughafen bei der Einreise bekommen. Sollte sich Ihr Flug verspäten, könnte die Visastelle schon geschlossen sein und Sie müssen dann bis zum nächsten Tag warten, bis sie wieder öffnet.

## Nach der Ankunft

Oft werden Sie von asiatischen Kunden beim ersten Gespräch gefragt: »Wie lange bleiben Sie in unserem Land?« Da gibt es nur eine akzeptable Antwort, nämlich: »Ich stehe Ihnen uneingeschränkt zur Verfügung. Ich bleibe hier, so lange wir benötigen, zu einer beidseitig akzeptablen Lösung zu kommen.«

Sollten Sie andeuten, dass Sie zu einer bestimmten Zeit wieder abreisen müssen, wird dies der Kunde zu seinem Vorteil ausnützen. Er wird Sie zeitlich so unter Druck setzen, bis Sie fast allem zustimmen, um Ihren Zeitplan noch einhalten zu können.

## Qualität und Service der Fluglinien

Die wirkliche Qualität einer Fluglinie stellt sich erst heraus, wenn ein Notfall eintritt. Wir hören oft vom hohen Komfort diverser Fluglinien wie Singapore Airlines, Thai Airways oder Lufthansa, aber nur wenn etwas Ungewöhnliches geschieht, wissen Sie, auf wen Sie sich wirklich verlassen können.

### Lufthansa

Vor Jahren reiste ich mit Lufthansa von Atlanta/USA nach Düsseldorf via Frankfurt zurück. Ich hatte ein Business-Class-Ticket der Lufthansa und in Atlanta bekam ich bereits die Boarding Cards für Atlanta-Frankfurt und Frankfurt-Düsseldorf ausgehändigt. Wir starteten in Atlanta mit etwas Verspätung, kamen aber am nächsten Morgen rechtzeitig über Frankfurt an. Wir brauchten jedoch noch 45 Minuten in Warteschleifen, bevor wir landen konnten. Nun rannte ich durch den Flughafen zum Schalter des Fluges nach Düsseldorf, wo ich auch noch 40 Minuten vor dem geplanten Start ankam. Das Schalterpersonal schloss das Gate, als ich ankam.

Als ich ihnen meinen Boarding Pass zeigte, waren sie nicht interessiert und verwiesen mich zum Beschwerdeschalter. Nach einem Fußmarsch

von 30 Minuten durch die endlosen Hallen des Flughafens gelang es mir, mit der Abteilungsleiterin zu sprechen – einer »zähen, alten Flugente«. Sie erklärte mir, dass die höchste Priorität der Fluglinie laute, die Flugpläne einzuhalten. Die Tatsache, dass meine Verspätung von Lufthansa verschuldet war, interessierte sie nicht. Nach langer Diskussion teilte sie mir mit, der nächste Flug nach Düsseldorf ginge viereinhalb Stunden später.

Um die Zeit zu überbrücken, bot sie mir einen Gutschein für fünf D-Mark an, was damals am Frankfurter Flughafen noch nicht mal für eine Tasse Kaffee ausreichte. Auf einen Beschwerdebrief erhielt ich von Lufthansa nie eine Antwort.

Da ich auch der Leiter der international operierenden Serviceabteilung meiner Firma war, stellte ich sicher, dass in den folgenden Jahren keiner meiner Service-Ingenieure mit Lufthansa flog, es sei denn, es war unumgänglich. Ich bin sicher, dass Lufthansa dadurch Umsätze von mehreren 100 000 Euro verloren gingen.

Dass es auch anders geht, können Sie in meinem Bericht über Japan Airlines im Japankapitel lesen. Über Thai Airways lesen Sie bitte »Transfer in Taipeh«.

## Jetlag und andere Reiseprobleme

Ihr Kunde erwartet von Ihnen, dass Sie körperlich und geistig in guter Verfassung sind, wenn Sie ihn treffen. Was er nicht hören will ist, dass Sie im Flugzeug nicht schlafen konnten und dass es jetzt in Deutschland mitten in der Nacht ist. Sie sollten daher alles tun, die Erwartungen des Kunden nicht zu enttäuschen.

Falls Sie verschiedene Länder besuchen, sollten Sie möglichst mit Ländern in anderen Zeitzonen, aber gleichem Klima beginnen und danach erst in Länder, die auch anderes Klima haben, zum Beispiel erst von Deutschland nach Korea und danach von Korea nach Singapur, mit tropischem Klima, reisen.

Sobald Sie im Flugzeug sitzen, sollten Sie sofort Ihre Uhr auf die Zeit Ihres Zielortes umstellen und danach auch Ihre Mahlzeiten an Bord einnehmen. Auf jeden Fall, egal wie verlockend es auch ist, sollten Sie an Bord so wenig wie möglich essen, dafür aber um so mehr Wasser trinken.

Nach Ihrer Ankunft sollten Sie wach bleiben bis zur normalen lokalen Zeit, zu der Sie auch zu Hause zu Bett gehen würden, egal wie müde Sie auch sein mögen. Auf diese Weise haben Sie eine bessere Chance, auch die ganze Nacht durchzuschlafen und am Morgen frisch aufzuwachen.

Auf gar keinen Fall sollten Sie Ihren Kunden direkt nach einem langen Interkontinentalflug treffen. Warten Sie bis zum nächsten Tag.

Oft gibt es verschiedene Routen, Ihr Ziel zu erreichen. Sie sollten möglichst die direkte Route, auf jeden Fall aber die schnellste wählen. Wenn Sie zum Beispiel von Frankfurt nach Tokio/Japan reisen, haben Sie die Auswahl:

- Polar-Route: Frankfurt-Anchorage/Alaska-Tokio
- Süd-Route: Frankfurt-Bangkok-Tokio
- Nonstop-Route: Frankfurt-Tokio

Die Polar-Route ist furchtbar, da man auf diesem Weg die Datumsgrenze überfliegt und die zeitliche Orientierung zu verlieren droht.

Die Süd-Route ist wesentlich länger und daher stärker ermüdend.

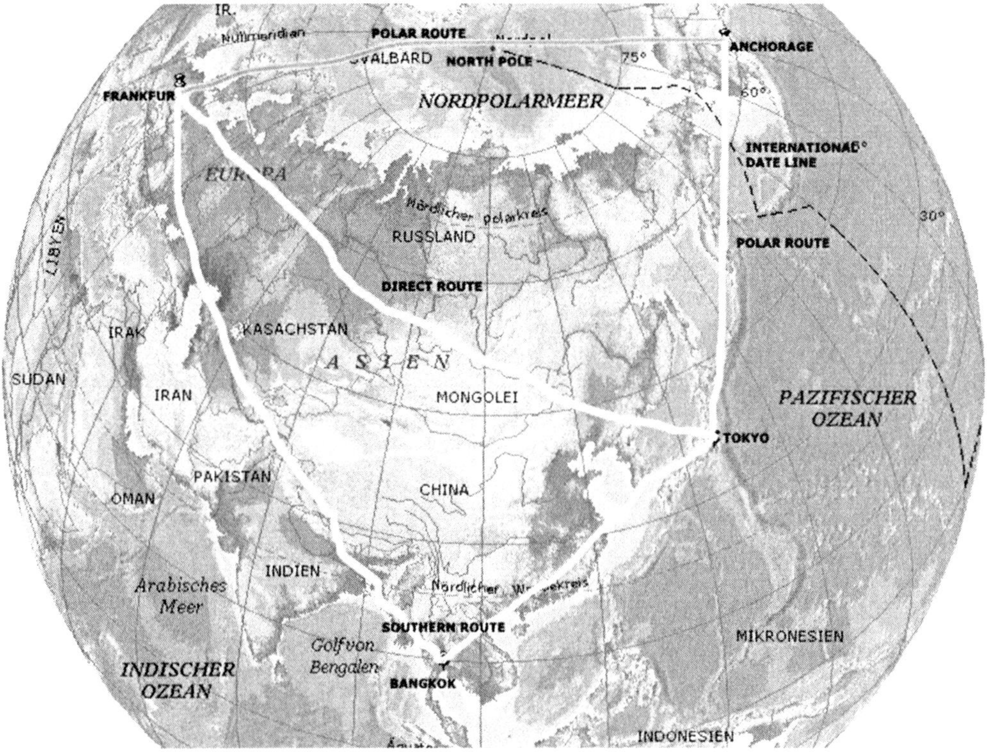


Nach dem Zusammenbruch der Sowjetunion ergab sich die Möglichkeit, über russischen Luftraum zu fliegen. Diese Route ist bei Weitem die kürzeste und daher auch die bevorzugte.

Fazit: Den bestmöglichen Weg zu planen, kann sehr hilfreich sein, aus Ihrer Reise einen Erfolg zu machen.

## Verhaltensregeln

Schon oft bin ich gefragt worden: »Wie machst du das nur, wenn du so viele verschiedene Länder mit unterschiedlichen Kulturen besuchst, dass du nicht aneckst?«

Mit den Jahren ist mir klar geworden, dass man unmöglich die Sprachen und kulturellen Gebräuche all dieser Länder erlernen kann. Weiterhin halte ich es für sehr problematisch, in Sprachen zu kommunizieren, von denen man nur rudimentäre Kenntnisse hat. Dies führt unweigerlich zu Missverständnissen. Daher ist meiner Meinung nach ein »Guten Morgen«, »Danke« und Ähnliches in der lokalen Sprache genug, um Ihren guten Willen zu demonstrieren.

Mir ist auch bewusst, dass ich im Ausland unter konstanter Beobachtung stehe und dass etwaige Fehler nicht nur mir angerechnet werden, sondern zu Vorurteilen gegenüber allen meinen Landsleuten führen. Man wird quasi als Botschafter Deutschlands gesehen. Unglücklicherweise musste ich schon oft erleben, wie meine Landsleute negativ auffielen, was dazu führt, dass bestehende Vorurteile gegen Deutsche noch verstärkt werden.

Auf einer langen Fahrt zusammen mit einem mir gut bekannten Unternehmer aus Taiwan auf der Insel Java/Indonesien hatten wir viel Zeit, etwas zu philosophieren. Unter anderem fragte er mich auch, welcher Religion ich angehörte – ein etwas delikates Thema.

Ich sagte ihm wahrheitsgemäß, dass ich evangelisch erzogen wurde, aber keiner Kirche angehörte. Meine Religion oder Philosophie spiegelt sich im respektvollen Umgang mit meinen Mitmenschen wider, ich behandele sie so, wie ich es auch von ihnen erwarte.

Zu meiner Überraschung antwortete er: »Das ist auch genau mein Motto und nach meiner Erfahrung funktioniert es auch.« Diese simple Grundregel deckt die Zehn Gebote und auch die wichtigsten Regeln aller anderen Religionen ab. Wenn Sie zusätzlich noch versuchen, nicht gegen die offensichtlichen lokalen Bräuche zu verstoßen, die in jedem Touristenführer auf der ersten Seite aufgelistet sind, dann sind Sie auf dem richtigen Weg.

In Thailand sollten Sie beispielsweise niemals mit Ihren Füßen auf Personen zeigen, Sie sollten nie Ihre Kontrolle verlieren und laut werden. So würden Sie in allen asiatischen Ländern Ihr Gesicht verlieren.

Fazit: Es ist eigentlich ganz einfach mit ein bisschen Nachdenken.

Die folgenden Geschichten sind hauptsächlich geografisch geordnet und in drei Hauptkapitel unterteilt: Australien, Asien, Europa und Nordamerika.

# Australien

# Wie man in Perth die Zeit totschlägt

Vor einigen Jahren auf einer Südost-Asien-Tour wurde ich nach Kwinana, einer Kleinstadt in der Nähe von Perth, eingeladen. Dies war meine allererste Reise nach Australien und ich freute mich darauf. Ich hatte einen Flug von Bangkok nach Perth mit Thai Airways gebucht, der relativ kurz und angenehm war. Wir kamen gegen 22.00 Uhr in Perth an, genau richtig für einen letzten Drink in der Hotelbar – zumindest dachte ich das.

Ich reiste Business Class und war einer der ersten Passagiere an der Passkontrolle. Ich holte mein Gepäck vom Band und näherte mich dem Zoll. Es gab drei separate Schalter und ich war der sechste in meiner Schlange. Da über 300 Passagiere mit diesem Flug ankamen, verlängerten sich die Schlangen auf jeweils rund 100 Personen.

Als ich zu meinem Vordermann schaute, traute ich meinen Augen nicht. Der Zollbeamte bat ihn, seinen Koffer zu öffnen, den gesamten Inhalt einzeln herauszunehmen und auf dem Tisch abzulegen. Nach Untersuchung des Kofferinhalts wurde der leere Koffer nochmals geröntgt. Dies geschah mit jedem Gepäckstück. Nach einem Blick auf die Uhr schätzte ich, dass es für jede Person etwa zehn Minuten dauern würde, bis der Zoll passiert war. Bei dieser Geschwindigkeit würde ich vermutlich eine Stunde in der Schlange stehen; die letzten Passagiere dürften dann nach geschlagenen zehn Stunden wohl den Zoll passieren. Dabei bildete unser Zollbeamter nicht einmal die Ausnahme. An den anderen zwei Schaltern glich sich die Prozedur.

Und tatsächlich, nach ungefähr einer Stunde war ich dran. Als ich gerade meinen Koffer öffnete, hörte ich einen dumpfen, lauten Ton hinter mir. Eine Dame am Nebenschalter war in Ohnmacht gefallen und schlug mit dem Hinterkopf zuerst auf dem Edelstahlgeländer auf, das die Schalter trennte, und danach auf dem gefliesten Boden. Sie lag in einer Blutlache. Ihr Begleiter wurde hysterisch. Er glaubte, sie wäre tot.

Der Rettungsdienst wurde gerufen. Im Gebäude gab es keine Klimaanlage und nach einer derart langen Wartezeit schien es nicht verwunderlich, dass einige Leute in Ohnmacht fallen.

Mein Zollbeamter entschloss sich, die Abfertigung zu beschleunigen, und winkte mich durch, noch bevor die Notärzte ankamen. Deshalb bin ich nicht sicher, wie schwer die Frau verletzt war.

Ich ging nach draußen und schwang mich in ein Taxi. Dem Fahrer erzählte ich, was gerade geschehen war und dass dies meine erste und wahrscheinlich auch meine letzte Reise nach Australien war. Ich war nicht ge-

*Perth, Australien*

willt, mich in Zukunft so behandeln zu lassen. Selbst in Russland war die Einreise einfacher gewesen.

Der Taxifahrer reagierte gelassen und sagte: »Sir, dieser ankommende Flug war der letzte heute Abend. Sie kamen von Bangkok und der Zoll vermutet immer, dass von dort Drogen geschmuggelt werden. Außerdem macht der Zoll Nachtschicht bis morgen früh. Die schlagen nur die Zeit tot.« Ich erwiderte, sie könnten gerne ihre eigene Zeit totschlagen, aber nicht meine.

In der Zwischenzeit war ich mehrmals wieder in Perth, aber ich kam immer tagsüber von Singapur an und hatte nie wieder Probleme. Vielleicht hatte der Taxifahrer tatsächlich recht.

Fazit: Sei immer für neue Erfahrungen bereit.

# Asien

# Bahrein – Eine weitere aufregende Erfahrung

**1984** wurden mein Geschäftsführer, der Firmeneigner, und ich gebeten, nach Bahrein zu kommen für eine Angebotsklärung und eventuelle Auftragsvergabe.

Eine Schwäche meines Chefs war, nie pünktlich zu sein. Das war auch nicht anders im Falle von Bahrein. Das Gespräch sollte Dienstagmorgen um 9.00 Uhr in Bahrein stattfinden. Mein Vorgesetzter buchte Flüge von Düsseldorf für Montagabend gegen 20.00 Uhr über London, Heathrow. Der Anschlussflug von Heathrow nach Bahrein erlaubte uns ein Transferfenster von zwei Stunden in London.

Gerade an diesem Abend war ein unglaubliches Gewitter über Heathrow, sodass unser Flug nach Gatwick umgeleitet wurde, dem zweiten Londoner Flughafen. Wir hatten keinerlei Chance, unseren Anschlussflug zu erreichen. Als nächsten Flug nach Bahrein ermittelten wir einen Cathy Pacific Flug von Gatwick nach Hongkong über Bahrein, der am nächsten Morgen ging.

Am nächsten Morgen gegen 6.00 Uhr telefonierten wir mit dem Kunden, um ihm mitzuteilen, wir würden einen Tag später kommen. Die warteten schon auf uns im Konferenzsaal, da es in Bahrein bereits 9.00 Uhr lokale Zeit war. Natürlich waren sie nicht erfreut, sagten uns aber zu, uns am nächsten Tag zu treffen. Sie hatten schon im Fernsehen gesehen, wie schlecht das Wetter in London war, und glaubten uns. Wir kamen in Bahrein am selben Abend an, so ergab sich wenigstens die Möglichkeit, eine Nacht durchzuschlafen.

Am nächsten Tag begann das Meeting genau um 9.00 Uhr. Der Kunde war ein Konsortium von Eignern aus Bahrein, Saudi-Arabien und Kuwait zusammen mit ihren Schweizer Beratern, die an dem Termin teilnahmen. Augenscheinlich hatten sie bereits ein Gespräch mit unserem Konkurrenten geführt und wollten den Auftrag unmittelbar nach unserem Gespräch an den überzeugenderen Lieferanten vergeben.

Nachdem wir technisch unser Angebot abgeklärt hatten, bekamen wir die Bestätigung, dass man mit unserer angebotenen Technik und Qualität zufrieden war. Nun lief alles nur auf den Preis hinaus. Der Preis sollte in

Bahrein Dinar genannt werden, einer Währung, die von keiner deutschen Bank abgesichert wurde. Damals musste der Dinar gegen US-Dollar und die US-Dollar gegen D-Mark abgesichert werden. Da Bahrein nur eine kleine Insel von 600 Quadratkilometern ist, mit 700000 Einwohnern, wurde die lokale Währung als Risiko eingestuft.

Der Kunde bat uns, zurück ins Hotel zu gehen und unseren Preis zu kalkulieren. Diesen sollten wir am Nachmittag um 15.00 Uhr in einem versiegelten Umschlag abgeben. Unseren Wettbewerbern sei die gleiche Forderung gestellt. Wer den niedrigsten Preis habe, bekäme den Zuschlag.

Unsere Köpfe rauchten – wir wollten diesen Auftrag, der einen Wert von zirka zwei Millionen US-Dollar hatte. Andererseits gab es die Zusatzkosten für die Kursabsicherung. Die Technik war auch neu und es war schwierig zu sagen, wie genau unsere Kalkulation war.

Je länger wir im Hotel diskutierten, desto unsicherer wurden wir. In der allerletzten Minute nahmen wir ein Taxi zurück, in der Tasche hatten wir sechs versiegelte Briefe mit sechs verschiedenen Preisen. Erst als wir das Konferenzzimmer betraten, entschieden wir uns, den niedrigsten Preis abzugeben.

Wieder war das gesamte Kundenteam versammelt, aber auch unser Wettbewerber mit seinem Umschlag war da. Wir übergaben die versiegelten Umschläge und der Kunde öffnete diese. Danach war Totenstille. Die Eigner sahen sich gegenseitig an – sie sahen uns und unseren Wettbewerber an. Nach einer längeren Pause wandte sich ihr Sprecher an uns. Er sagte, der Preisunterschied betrage nur 250 US-Dollar (und das bei einem Millionenbetrag) und unser Angebot wäre das niedrigste.

Sie hätten ja mit unserer Firma noch keine Erfahrung, aber Geräte des Wettbewerbers seit Jahren im Betrieb. Sie würden jedoch ihr Wort halten und uns den Auftrag geben. Gleichzeitig bat man den Konkurrenten zu gehen. Der konnte es nicht glauben und schaute bitterböse.

Wir konnten unser Glück kaum glauben. Schließlich machten wir mit diesem Auftrag auch einen guten Gewinn. Allerdings war mein Chef später enttäuscht, als er merkte, dass der Dinar während der Auftragsphase über 15 Prozent zugelegt hatte. Hätten wir den Kurs nicht abgesichert, hätten wir einen beachtlichen zusätzlichen Gewinn erwirtschaftet.

(Zwei Jahre später waren wir in einer ähnlichen Situation mit einem Auftrag in Kuwait. Gegen meine Empfehlung beschloss der Firmeneigner diesmal, den Kurs nicht abzusichern. Leider verlor die Währung dann 30 Prozent an Wert, was zu einem massiven Verlust bei diesem Auftrag führte.)

Fazit: Normalerweise gibt es im Nahen Osten Aufträge nur gegen entsprechendes »Bakschisch« – aber es kommt immer auf die Konstellation an. Ein internationales Konsortium wird sich eher an die Regeln halten.

# China

## Know-how-Transfer in Lianyungang

Lianyungang ist eine Küstenstadt in China, zirka 700 Kilometer von Peking entfernt. Die Stadt selbst hat 600 000 Einwohner, aber mit den Vororten insgesamt 4,7 Millionen. Aus Gründen, die nur meinem ehemaligen Chef, dem Firmeninhaber, bekannt sind, wollte er einen Know-how-Transfer-Vertrag mit einer dortigen Firma 1994 verhandeln. Wahrscheinlich versprach er sich davon, dass die Chinesen einen größeren Barbetrag locker machen würden.

Damals, und das hat sich meines Wissens nach nicht geändert, gab es nur zwei Flüge pro Woche von Peking nach Lianyungang und zurück, freitags und sonntags. Wir reisten sonntags an, in der Hoffnung, wir könnten bis Freitag eine Übereinkunft erzielen und nach Peking zurückkehren. Die uralte russische Ilushin sah nicht sehr vertrauenserweckend aus, aber es gab keine Alternative. Obwohl fliegen in China als riskant angesehen wird, wäre eine Fahrt über Land noch weit gefährlicher gewesen.

Am Flughafen von Lianyungang, der eine Stunde Fahrt vor der Stadt lag, wurden wir abgeholt und zum Hotel gebracht. Ab jetzt galt jeden Tag dasselbe Prozedere: zu Mittag und zu Abend endlose Bankette und Toasts mit den lokalen Partnern und Politikern einschließlich Parteigrößen. Um an ausländisches Know-how zu kommen, wollten die Chinesen ein Minimum bezahlen.

Das Problem war, dass sie dafür keine Devisen ausgeben durften, sondern mit Tauschgeschäften uns bezahlen wollten, zum Beispiel mit Maschinenteilen und Komponenten für unsere Produktion.

Nach vier vollen Verhandlungstagen kamen wir zu einer Übereinkunft und unterzeichneten eine Absichtserklärung. Die ganze Zeit hatte unser Übersetzer Dr. Wang die Verhandlungen simultan übersetzt, aber gleichzeitig auch sichergestellt, dass es zu keinen Missverständnissen kam und dass niemand sein Gesicht verlor. Dr. Wang hatte Deutsch in Heidelberg studiert und ist heute Professor an der Universität von Peking. In seinem Fach ist er einer der besten und hat häufiger auch als Übersetzer bei den Besuchen der deutschen Bundeskanzler in China fungiert.

Bei einem letzten Bankett feierten wir unsere Übereinkunft mit erlesenen Speisen und Drinks.

In Kurzfassung beinhaltete die Übereinkunft:

Wir mussten den Chinesen unser gesamtes Know-how auf dem neuesten technischen Stand liefern einschließlich Produktionszeichnungen, Ausbildung des chinesischen Schlüssel-Personals in Deutschland, Schulung des chinesischen Fachpersonals in China inklusive Qualitätskontrolle.

Die Chinesen mussten uns Komponenten und Teile nach unseren Spezifikationen im Wert von 100000 US-Dollar kostenlos liefern. (Wenn ich mich richtig erinnere, waren die gelieferten Teile von so schlechter Qualität, dass sie unbrauchbar waren. Auch heute noch liegen sie im Lager.)

Der nächste Tag war Freitag, nach dem Frühstück verließen wir das Hotel und machten noch etwas Sightseeing, bevor wir am späten Nachmittag zum Flughafen gebracht wurden. Ungefähr zwei Stunden vor Abflug waren wir dort, fanden aber schnell heraus, dass die Maschine noch in Peking wegen technischer Probleme zurückgehalten wurde. Man sagte uns, wir würden sofort benachrichtigt, wenn das Problem gelöst und die Maschine Richtung Lianyungang unterwegs wäre.

Unsere Partner ergriffen diese Chance, uns sofort in das Flughafen-Restaurant zu einer »Farewell-Party« zu bringen. Zirka drei Stunden später hörten wir, dass die Maschine unterwegs war. Nun wurde es eng, da der Lianyungang Flughafen ab 23.00 Uhr über Nacht geschlossen wird.

Bei unserer Party war auch der Fahrer dabei, der schon so viel Bier intus hatte, dass ich auf gar keinen Fall mit ihm wieder in die Stadt zurückgefahren wäre, falls der Flug ausfiel. Zusammen waren wir acht Personen, aber nun hatten wir schon drei komplette Kästen Tsingtao-Bier konsumiert. Alle Chinesen mit Ausnahme von Dr. Wang hatten knallrote Gesichter, angeblich aufgrund eines Enzymmangels, der das Absorbieren des Alkohols verhinderte.

Endlich kam die Maschine an und alle eilten an Bord, damit wir noch starten konnten, bevor der Flughafen geschlossen wurde. Mein Geschäftsführer, Dr. Wang und ich dösten auf dem einstündigen Flug nach Peking.

Als wir dort ankamen, war man auch bereits am Schließen des Flughafens. Der »alte« Flughafen war zirka 40 Kilometer außerhalb der Stadt. Als wir ankamen, gab es keine öffentlichen Verkehrsmittel mehr, um uns in die Stadt zu bringen.

Es gab jedoch einige Privatpersonen, die anboten, uns in die Stadt zu bringen. Ich hörte, wie man von einem Kanadier dafür 120 US-Dollar verlangte. Da er keine Alternative hatte, akzeptierte er diese Unverschämtheit. Glücklicherweise hatten wir Dr. Wang, der einen besseren Preis aushandelte, allerdings immer noch 30 US-Dollar, viel zu viel in China.

Widerwillig nahmen wir an und stiegen ins Auto. Der Fahrer fuhr schnell los und in kurzer Zeit waren wir bereits in der Stadtmitte von Peking. Plötzlich wurden wir von der Polizei gestoppt und diese sprach mit unserem Fahrer. Natürlich verstanden wir nichts von der Konversation mit Ausnahme von Dr. Wang. Anscheinend war es streng verboten, Passagiere in Privatautos gegen Entgelt mitzunehmen. Deshalb sagte der Fahrer auch dem Polizisten, wir wären Freunde und dass er uns kostenlos mitnähme.

Als wir am Hotel ankamen, bedankte sich Dr. Wang beim Fahrer für den kostenlosen Service. Der Fahrer sah grimmig drein, konnte aber nichts unternehmen. Wir gaben ihm schließlich ein Trinkgeld von 10 US-Dollar und beide Seiten waren zufrieden.

Fazit: Know-how-Transfer in China ist fast nie im Interesse des westlichen Partners. Heute gibt es in Lianyungang acht Firmen, die unsere Anlagen in dem Standard der Neunzigerjahre produzieren. Potenziell sind dies alles Wettbewerber, die auf unseren eigenen Know-how-Transfer zurückgehen.

## Fisch à la Weihai

Vor einiger Zeit wurde ich gebeten, für eine technische Präsentation nach Weihai zu kommen, um die neuesten Verfahren zum Be- und Entladen von Tankschiffen vorzustellen. Weihai ist eine imposante Hafenstadt mit zweieinhalb Millionen Einwohnern an der östlichen Spitze der Halbinsel Shandong gelegen, ungefähr 600 Kilometer Luftlinie von Peking.

Das Prozedere war dasselbe wie immer in China – endlose Meetings tagsüber und abends Bankette. Ich war mit meinem Vertreter aus Peking dort und man gab mir wieder das Vergnügen, als Gastgeber für die Bankette zu bezahlen, für ein Dutzend Chinesen und mich. Da weder mein Vertreter noch ich die lokalen Restaurants kannten, überließen wir es den Leuten vor Ort, das Lokal auszuwählen. Sie wählten ein Fischrestaurant – nichts Ungewöhnliches an der Küste. Wir alle ließen uns an einem runden Tisch in einem separaten Zimmer nieder und begannen mit einigen Toasts mit chinesischen Getränken wie Mao Tai, Tsingtao-Bier und Wein. Die Auswahl des Menüs überließ ich den Chinesen. Sie fragten mich, ob ich irgendwelche Präferenzen hätte und ich sagte ihnen, dass ich gerne frischen Seefisch essen würde, da ich in Deutschland 600 Kilometer von der Küste weg wohnte und daher selten die Chance bekam, Fisch zu essen, der am gleichen Tag gefangen wurde. Sie nickten verständnisvoll und gaben die Bestellung auf.

Das übliche Aufgebot von kleinen Schälchen mit Snacks wurde serviert und auf der Tischmitte deponiert, die sich drehen ließ, so dass alle am Tisch darauf zugreifen konnten. Nach einiger Zeit wurde der Hauptgang serviert. Auf einem riesigen Edelstahltablett wurde ein kompletter, karpfenähnlicher Fisch präsentiert. Der Fisch war zirka 50 Zentimeter lang und wurde aufrecht auf einem Bett aus verschiedenem Gemüse serviert.

Als Gastgeber hatte ich die ehrenwerte Aufgabe, als Erster den Fisch zu probieren. Zu diesem Zweck gab man mir spezielle Servierstäbchen, die etwas größer und dicker als normale Essstäbchen waren. Der Fischrücken war knusprig braun und schwierig anzugehen. Endlich hatte ich die Stäbchen in der richtigen Position, um ein ansehnliches Stück aus dem Rücken zu reißen. Gerade in dem Moment öffnete der Fisch sein Maul und bis heute glaube ich, einen Seufzer gehört zu haben.

Ich war in Panik. Wie konnte dies sein? Offenbar war der Fisch entsprechend der lokalen Tradition in siedendem Öl gegart worden. Aber nicht der ganze Fisch! Der Kopf bis zu den Kiemen wurde in ein eiskaltes nasses Tuch gehüllt und nur der Schwanz und Körper waren in das kochende Öl eingetaucht worden. Auf diese Weise blieb der Fisch lang genug am Leben, um eine nichts ahnende westliche Langnase zu erschrecken. Alle lachten, als ich meinem Ekel Ausdruck gab. Ihr Scherz zeigte die beabsichtigte Wirkung. Ich konnte keinen einzigen weiteren Bissen essen, da sich mein Magen drehte, während alle andern sich an dem Fisch labten.

Dies war wieder ein klassischer Fall von mir unverständlichen und fremden Bräuchen. Es mag viele Dinge geben, die Europäer und Chinesen gemeinsam haben, aber genauso viele chinesischen Bräuche werden wir nie verstehen – egal wie sehr wir es auch versuchen.

Fazit: In China lohnt es sich immer, genau herauszufinden, was man bestellt hat, bevor es auf den Tisch kommt.

## Visumprobleme

Wenn man außerhalb der Europäischen Union reist, benötigt man meist ein Visum. Die Pässe der Europäischen Union haben 27 Seiten für solche Visumeinträge. Da ein Visum oft den Platz einer ganzen Seite benötigt, füllt sich der Pass eines Vielfliegers sehr schnell.

2004 wollten eine Reihe von Kunden aus den USA, Singapur, Indonesien und China Besuche im gleichen Zeitraum. Wir beschlossen, alle diese Besuche in Form einer Weltumrundung durchzuführen. Wir reisten zuerst nach USA, das heißt Houston – Port Arthur – Denver – Los Angeles – Singapur – Jakarta. Dort bemerkte ich, dass nur noch zwei Visumseiten übrig waren.

Von Jakarta mussten wir noch nach Shenzhen in China, um unseren Agenten zu treffen und mit ihm gemeinsam nach Fuzhou zu fliegen für das wichtigste Meeting. Wir nahmen einen Flug von Jakarta nach Hongkong, um von dort mit einer Fähre nach Shenzhen weiterzureisen. Als wir in Hongkong einreisten, bekamen wir ein Visum eingestempelt, das nur für Hongkong galt. Dies wäre gar nicht nötig gewesen, da der Fährterminal im internationalen Teil des Flughafens lag. Wir konnten jedoch nicht zurück und mussten nun per Bahn nach Shenzhen anreisen.

Bei der Ankunft in Shenzhen wurden wir darauf hingewiesen, dass unser Visum nicht für Shenzhen galt und wir für die Einreise ein neues benötigten. Die Passbeamtin untersuchte meinen Pass und schüttelte den Kopf »Sie können nicht nach Shenzhen einreisen – es gibt keinen Platz für ein Visum in Ihrem Pass, Sir.« Ich zeigte ihr die letzte freie Seite, die Innenseite der Rückseite. Diese Seite sei nicht für Visumeinträge vorgesehen, meinte sie.

Auf Intervention ihres Chefs bekam ich schließlich doch noch ein Visum auf der letzten Seite eingeklebt und wir konnten nach Shenzhen einreisen.

Als wir unserem Agenten erzählten, was passiert war, runzelte er die Stirn. Er sah sich die Pässe an und wurde blass. »Euer Visum ist nur für die Freihandelszone von Shenzhen gültig. Morgen früh fliegen wir nach Fuzhou, wo euer Visum nicht gilt. In Fuzhou seid ihr illegale Immigranten«, sagte er.

Was nun? Auf Inlandsflügen wird am Flughafen normalerweise das Visum nicht geprüft, sondern nur das Passfoto zur Identifikation – darauf mussten wir nun setzen.

Am Flughafen waren wir sehr angespannt, konnten aber ohne Probleme passieren. Wir kamen guten Mutes in Fuzhou an und fuhren zum Hotel. An der Rezeption mussten wir die Pässe zeigen und der Rezeptionschef erklärte uns, er könne uns keine Zimmer im Hotel geben, da wir illegal in Fuzhou wären. Unser Agent versuchte uns zu helfen, kam aber nicht weiter. Nach einiger Zeit kontaktierte er den Kunden, eine staatliche Öl- und Gasfirma, der sich mit dem Hotel einigte. Man gab uns chinesische Namen. In diesem Fall musste uns das Hotel nicht bei der örtlichen Polizei registrieren und alle waren glücklich.

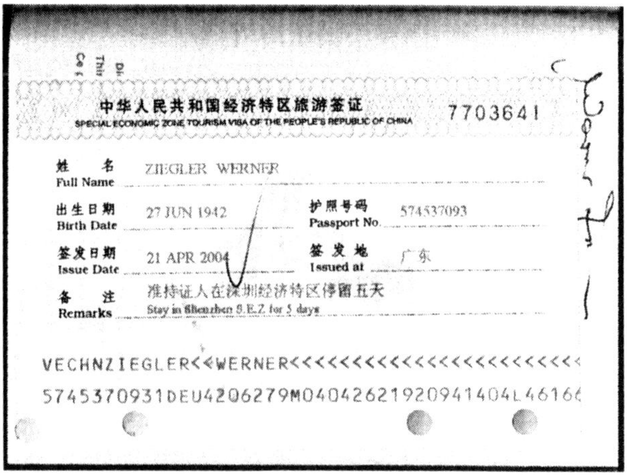
中华人民共和国经济特区旅游签证
SPECIAL ECONOMIC ZONE TOURISM VISA OF THE PEOPLE'S REPUBLIC OF CHINA
7703641

| | | | |
|---|---|---|---|
| 姓名 Full Name | ZIEGLER WERNER | | |
| 出生日期 Birth Date | 27 JUN 1942 | 护照号码 Passport No. | 574537093 |
| 签发日期 Issue Date | 21 APR 2004 | 签发地 Issued at | 广东 |
| 备注 Remarks | 准持证人在深圳经济特区停留五天 Stay in Shenzhen S.E.Z for 5 days | | |

VECHNZIEGLER<<WERNER<<<<<<<<<<<<<<<<<<<<<<<<
5745370931DEU4206279M04042621920941404L46166

Nach so viel Stress war ein Drink an der Hotelbar fällig. Ich nahm die Rechnung entgegen und bat den Kellner, den Betrag auf die Zimmernummer zu schreiben. Er gab meine Zimmernummer in den Computer ein und kam mit einem Sicherheitsbeamten zurück. Offensichtlich passte mein chinesischer Name nicht zu meinem Gesicht. Es dauerte eine ganze Weile, bevor sie verstanden und akzeptierten, was passiert war und mir dann erlaubten, die Rechnung bar zu zahlen.

Am nächsten Tag flogen wir zurück nach Shenzhen und reisten mit der Fähre weiter nach Hongkong. Erst als ich in Hongkong in der Airport Lounge saß, nachdem wir nach Frankfurt eingecheckt hatten, fühlte ich mich wieder sicher und komfortabel.

Fazit: Stelle immer vor Reiseantritt sicher, dass der Pass für die ganze Reise gültig ist und genügend Platz für Visa bietet.

## Von Shanghai nach Zhou Shan – eine erinnerungswürdige Reise

Vor einiger Zeit wurde ich gebeten, nach Dinghai zu kommen, der Hauptstadt der Insel Zhou Shan, ungefähr 60 Kilometer vor der Küste von Ningbo. Das Hafenamt von Dinghai bat um eine technische Präsentation der neuesten Verladetechnologien für Öltanker. In Dinghai hatte man einen großen Tiefwasser-Terminal gebaut, um Supertanker entladen zu können. Das Importöl wurde in einem Tanklager zwischengelagert, um dann mit kleineren Tankern, geeignet für den Hafen von Shanghai, weitertransportiert zu werden. Shanghai liegt ungefähr 200 Kilometer von der Insel Zhou Shan entfernt.

Mein Vertreter, Herr Han aus Peking, war mit mir für einige Termine nach Shanghai gereist und hatte zu meiner Überraschung für uns die Nachtfähre nach Dinghai gebucht, weil angeblich keine Flüge nach Ningbo mehr frei waren. Er erklärte mir, er hätte die einzige Erste-Klasse-Kabine des Schiffs für uns zwei gebucht Es würde eine unvergessliche Reise, meinte er. Wie recht er hatte!

*Ferry Trip: Shanghai-Dinghai, Taxi: Dinghai-Ningbo*

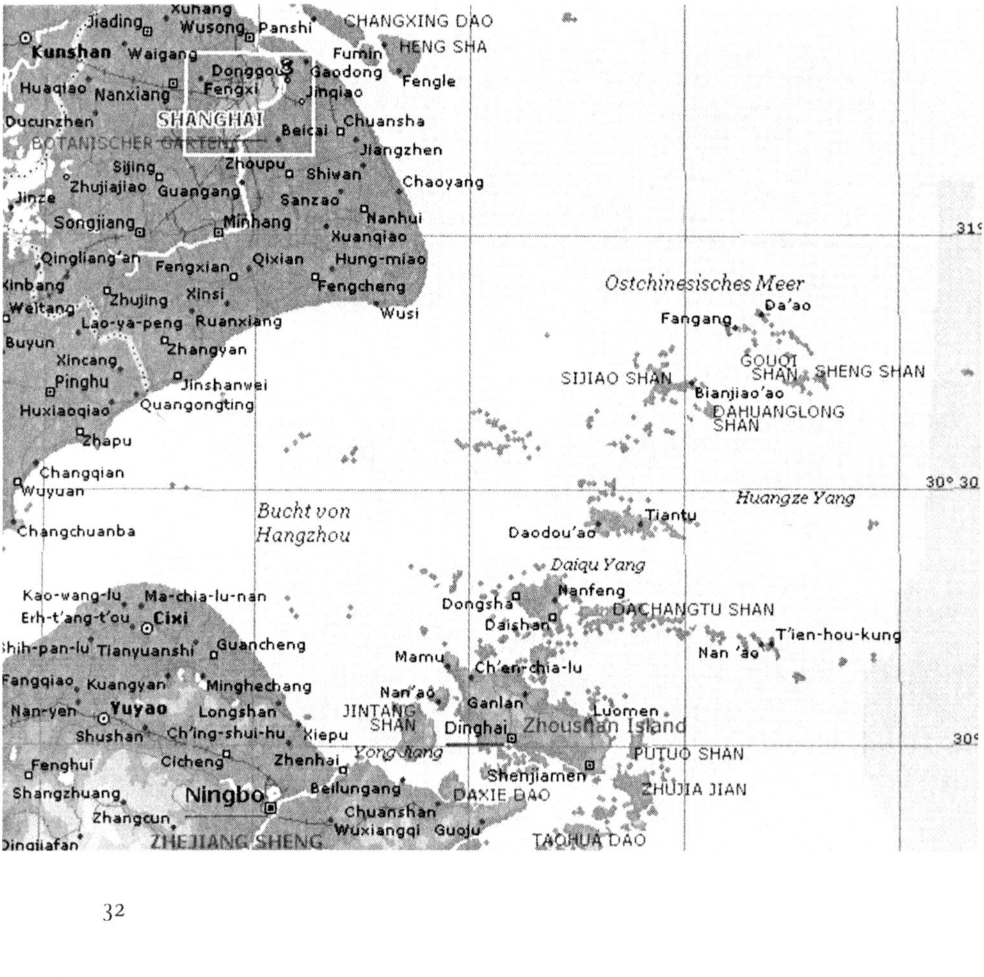

Als wir zum Hafen kamen, musste das Taxi außerhalb der Hafentore halten, ungefähr 200 Meter vom Terminalgebäude.

Es gab nur einen Kiesweg, ungeeignet für die Rollen meines 25-Kilogramm-Koffers. Ich musste ihn zusammen mit meinem zehn Kilogramm schweren Pilotenkoffer tragen. Vom Gebäude bis zum Schiff gab es endlose Treppen und Gangways, so dass ich das Schiff vollständig außer Atem und schweißgebadet erreichte, bereit für die Erste-Klasse-Kabine. An der Rezeption wurde uns jedoch mitgeteilt, dass zwei hochrangige Marineoffiziere unsere Kabine requiriert hätten, das Militär hat immer Vorrang. Uns wurde eine Standardkabine zugewiesen.

Als wir zur Kabine kamen, blickte ich durch die offene Tür, konnte aber nichts sehen – die Kabine war mit dichtem Rauch gefüllt. Schließlich erkannte ich etwa 20 Chinesen, die in der Kabine auf den zwölf Kojen saßen und qualmten.

Die Kabine hatte ein kleines Bullauge, das sich aber nicht öffnen ließ. Auf jeder Seite waren zwei dreistöckige Kojen für insgesamt zwölf Personen. Der einzige Gepäckstauraum war unter den unteren Kojen, aber Platz war dort ohnehin nicht mehr. Ich wuchtete meinen Koffer mit letzter Kraft auf die oberste Koje, die einzig freie. Dies ließ wenig Raum für mich. Herr Han andrerseits hatte nur eine kleine Tragetasche und döste schon glücklich auf seiner Koje.

Ich weckte ihn und erklärte, ich würde unter keinen Umständen diese Situation akzeptieren, aber er schüttelte nur müde den Kopf. Ich verließ die Kabine und traf auf den Chefsteward, der ein wenig Englisch sprach. Ich schilderte ihm mein Problem und er deutete an, er hätte eventuell eine Lösung, aber es würde mich etwas kosten! Ich gab ihm 50 US-Dollar und er erklärte, das Schiff hätte außer der Erste-Klasse-Kabine und den Standardkabinen auch zwei Zweite-Klasse-Kabinen für jeweils vier Personen. Er würde versuchen, zwei Kojen für uns freizumachen.

Etwas später kam er zurück und bat uns, ihm zu folgen. Als wir die neue Kabine erreichten, kamen gerade zwei Chinesen heraus. Wenn Blicke töten könnten, wären wir tot gewesen. In der Kabine waren immer noch zwei Taiwanesen, starke Raucher, aber mit der vorherigen Kabine verglichen war es der Himmel.

Nun wurde es Zeit, etwas zu essen und zu trinken. Als wir das »Restaurant« erreichten, blickten alle auf mich – die einzige »Langnase« an Bord. Wir ließen uns an einem langen Tisch direkt vor der offenen Küche nieder, wo die Köche über ihren Woks schwitzten. Die Farbe ihrer Schürzen war unidentifizierbar. Vielleicht waren sie ursprünglich weiß, aber jetzt zeigten sie Spuren des gesamten Wochenmenüs sowie große Flecken von Sojasoße. Plötzlich hatte ich meinen Hunger verloren und fragte nach einer Flasche Bier. Im Nu stellte der Kellner eine große Flasche Tsingtao-Bier vor mich. Die Flasche hatte Raumtemperatur, das heißt 35 Grad Celsius. Während ich noch überlegte, wie ich sie öffnen sollte, schnappte sie mein Nebenmann und öffnete sie mit seinen Zähnen. Mit einem breiten Grinsen gab er mir die Flasche zurück und alle lachten. Er musste dies schon oft gemacht haben, denn seine Zähne hatten entsprechend gelitten. Ich zwang mich, das warme Bier zu trinken, und bemerkte, dass die anderen sich alle an ihrem grünen Tee labten.

Zurück in der Kabine versuchten wir zu schlafen. Wir wachten auf vom Nebelhorn des Schiffes und bemerkten, dass wir von dichtem Nebel umgeben waren. Schließlich erreichten wir gegen 10.00 Uhr Dinghai mit zweistündiger Verspätung. Herr Han wurde nervös. Das Meeting sollte um 10.00 Uhr im Büro des Hafenmeisters sein. Wir müssten direkt dorthin eilen. »Auf gar keinen Fall«, sagte ich. »Sie sollten dort anrufen und den Herren sagen, dass wir uns um eine Stunde verspäten. Wir müssen uns erst im Hotel frisch machen.«

Im Hotel war Stromausfall und es gab keine Kofferträger. Ich musste mein schweres Gepäck auf mein Zimmer im fünften Stock tragen. Da die Klimaanlage auch ausgefallen war, wurde ich wegen der Anstrengung und Hitze ohnmächtig, als ich zum Zimmer kam.

Das Meeting war ein voller Erfolg und alle Beteiligten zeigten vollstes Verständnis, dass wir nach der Fährreise zuerst noch zum Hotel wollten. Tatsächlich wunderte man sich, warum wir uns das angetan hatten. »Warum seid ihr nicht nach Ningbo geflogen und von dort mit dem Taxi gekommen?« Nach Ningbo sind es nur 60 Kilometer. Andererseits sind es 200 Kilometer bis Shanghai mit der Fähre über das offene Meer und bekanntermaßen sehr unbequem.

Erst später fand ich heraus, dass mein Vertreter von seiner Firma einen festen Betrag für die Organisation der Reise erhalten hatte und dies war sicherlich ein Grund, die billigste und unbequemste Art auszuwählen. Ich bestand darauf, dass wir über Ningbo zurückreisten. Das war ein Klacks. Wir konnten während der kurzen Fährüberfahrt zum Festland im Taxi bleiben und waren innerhalb einer Stunde am Flughafen Ningbo.

Fazit: In China sollte man im Vorfeld im Detail die Reisearrangements klären, bevor es zu spät, ist ein Veto einzulegen. Herr Han hat mir bei anderen Gelegenheiten ähnliche Qualen bereitet – daher habe ich auch kurz darauf meine Vertretung gewechselt.

## 4. November 1993 – kein so guter Tag in Hongkong

Nach einer Woche voll anstrengender Meetings in Seoul/Korea freute ich mich auf einen angenehmeren Aufenthalt in Hongkong, wo ich meinen neuen Agenten treffen sollte, für einige Präsentationen mit potenziellen Kunden.

Das Flugzeug von Thai Airways verließ Seoul gegen Mittag Richtung Hongkong und weiter nach Bangkok – gerade zur rechten Zeit für ein gutes Mittagessen. Nach rund zwei Stunden näherten wir uns Hongkong und der Kapitän informierte uns, dass es über Hongkong gewitterte und wir uns auf eine turbulente Landung gefasst machen sollten.

Gerade ein paar Minuten vor der Landung brach der Pilot seinen Anflug ab und unterrichtete uns, dass wir wegen technischer Probleme im Flughafen Kai Tak (dem alten Flughafen von Hongkong) nicht landen könnten und nach Taipeh/Taiwan umgeleitet würden. Kai Tak war unter allen Piloten gefürchtet wegen der kurzen Landebahn und dem schwierigen Anflug mitten durch Wolkenkratzer. Der Flughafen lag in der Hongkong Bay mitten in der Stadt und die Landebahn war auf im Meer aufgeschüttetem Erdreich.

In Taipeh wurden wir im internationalen Transitraum untergebracht, wo wir weitere Nachrichten erhalten sollten. Nach einigen Stunden hieß es, die Probleme in Hongkong könnten noch einige Stunden dauern und der Flug würde direkt nach Bangkok fortgesetzt. Das Gepäck der Passagiere für Hongkong würde ausgeladen und in die nächste Maschine nach Hongkong gepackt.

Im Transitbereich des Flughafens gab es jede Menge Geschäfte und Restaurants, aber alle nahmen nur Taiwan-Dollar oder US-Dollar. Meine Koreanischen Won und D-Mark nützten nichts, da es keine Wechselstube gab und wir kein Einreisevisum für Taiwan hatten, um dort die Währung zu wechseln.

In der Zwischenzeit gab es keine weiteren Nachrichten über Hongkong, bis ein Gerücht die Runde machte, dass es dort einen Absturz gegeben hätte und die Landebahn blockiert wäre.

Niemand von Thai Airways ließ sich blicken, um die gestrandeten Passagiere zu informieren oder zu versorgen. Erst nach weiteren sechs Stunden erhielten wir einen Snack – sicherlich nicht Business-Class-Art. Kurz nach Mitternacht verließen wir Taipeh Richtung Hongkong, wo wir mitten in einem gewaltigen tropischen Regensturm landeten.

Es war fast 3.00 Uhr morgens, als ich endlich im Taxi saß, um mich zum Hotel zu bringen. Der Fahrer fuhr wie ein Irrer. Nachdem ich diese furchtbare Landung überlebt hatte, fürchtete ich, jetzt in einem schrecklichen Verkehrsunfall zu Schaden zu kommen. Die Straßen waren alle überflutet und bei dieser Geschwindigkeit wäre Aquaplaning eine natürliche Folge.

*4. November 1993 Hongkong Kai Tak International Airport*

Am nächsten Morgen las ich am Frühstückstisch eine lokale Zeitung, was endlich Licht ins Dunkel brachte. Am Vortag kam eine Jumbo 747 der China Airlines nicht rechtzeitig zum Stehen und landete im Hafen, nur ein paar Minuten bevor wir aufsetzen sollten. Glücklicherweise gab es keine Toten, aber die Landebahn war blockiert, bis man das Höhenleitwerk der Jumbo wegsprengte.

Ich kam noch rechtzeitig zu den Meetings, aber überall war der Absturz das Gesprächsthema. Als ich Hongkong zwei Tage später verließ, konnte ich immer noch das Flugzeug im Wasser sehen, und ich glaube, es dauerte fast ein Jahr bevor alles weggeräumt war.

1998 wurde Kai Tak geschlossen und ersetzt durch den neuen Flughafen Chep Lak Kok auf der Insel Lantau. Dieser Flughafen hat normale Start- und Landebahnen und einige abgehärtete Reisende vermissen den Adrenalinstoß, der mit einer Landung auf Kai Tak verbunden war.

Fazit: Seien Sie immer auf neue Erfahrungen vorbereitet!

## Hongkong – ein unglücklicher Kapitän

Wieder einmal beendete ich eine arbeitsreiche Woche in Hongkong an einem Freitag Nachmittag. Ich fuhr zum alten Flughafen in Kowloon und checkte zirka 60 Minuten vor Abflug auf meinen Flug nach Frankfurt ein. Dies ließ mir genügend Zeit, meine übriggebliebenen Hongkong-Dollars in D-Mark einzutauschen und mich zum Gate zu begeben. Auf dem Weg dorthin hörte ich, dass mein Flug zwei Stunden Verspätung hatte.

Der Flughafen dampfte geradezu in der tropischen Hitze, ich schwitzte und freute mich auf ein kaltes Bier, um die Zeit zu überbrücken. Als ich zur Bar kam, bestellte ich ein großes Bier und nahm sofort eine großen Schluck. Der Barkeeper in echt »Britischem Brauch« wollte sofort das Geld. Ich sagte ihm, ich hätte D-Mark, US-Dollar oder Kreditkarte, aber er bestand auf Bezahlung in Hongkong-Dollar. Unser Gespräch wurde immer lauter, als ich bemerkte, dass die nächste Wechselstube mehrere 100 Meter weg am anderen Ende der Halle war. Plötzlich sprach mich mein Nebenmann an der Bar auf Deutsch an: »Machen Sie sich keine Sorgen, mein Freund – ihr Drink geht auf mich«, und er bezahlte den Barkeeper. Ich war angenehm überrascht und bedankte mich. Nach ein paar Worten erkannte ich, dass dies nicht sein erstes Bier an diesem Tag war. »Ich gehe davon aus, dass Sie in Hongkong gute Geschäfte gemacht haben«, sagte ich. »Nun«, erwiderte er, »ich bin hier nur im Transit. Ich war in Kaohsiung in Taiwan und nun auf dem Rückweg nach Dubai.«

Es stellte sich heraus, dass er Kapitän zur See war und gerade sein letztes Schiff nach Taiwan gebracht hatte zur Verschrottung. Damals wurden alle ULCC-Tanker, die nicht durch den Suezkanal passten, verschrottet. Er erzählte, er wäre schon seit 25 Jahren Kapitän und es würde jedes Mal sein Herz brechen, wenn er ein Schiff mit voller Geschwindigkeit auf den Strand fahren müsste.

»Mein ganzes Leben hat man mir beigebracht, mich mit dem Schiff vom Land fern zu halten, und nun muss ich das Schiff zerstören, indem ich es auf Land setze«, seufzte er. »Außerdem bin ich auf dem Rückweg nach Dubai, um das gleiche Spiel zu wiederholen. Es schmerzt sehr und wie üblich muss ich meinen Kummer mit ein paar Bier ertränken.«

Für die nächsten zwei Stunden genoss ich Freibier und verpasste fast den eigenen

Flug. Ob der Kapitän seinen Flug kriegte, weiß ich nicht, aber er hatte meine ganze Sympathie.

Fazit: Man kann den Leuten nicht hinter die Stirn blicken. Man muss mit ihnen sprechen. Das bereichert Sie und möglicherweise Ihr Gegenüber.

# Dubai – Aufregung im Strandklub

Vor einiger Zeit war ich in einem Hotel einer bekannten internationalen Hotelgruppe im Zentrum von Dubai untergebracht. Ich kam zufällig am Wochenende an, was mir die Gelegenheit gab, etwas zu entspannen, bevor die langen Verhandlungen begannen. Es war Januar und das Wetter in Europa war ziemlich kalt, aber in Dubai war es ideal, um am Strand schwimmen zu gehen – zumindest dachte ich das.

Das Hotel hatte seinen eigenen Strandklub, der allerdings einige Kilometer entfernt war. Es gab jedoch einen kostenlosen Shuttle-Bus vom Hotel zum Strandklub und einige Hotelgäste, mich eingeschlossen, nahmen diesen Service gerne an. Ich schwimme nicht gerne in Hotelpools und freute mich auf das erfrischende Meer. Wir kamen im Klub an, der ziemlich voll war, besonders am Pool, aber ich sah niemand in der relativ ruhigen See schwimmen. Als ich an den Strand kam, wurde mir klar warum! Überall am Strand standen Tafeln mit dem folgenden Text:

Vorsicht, wenn Sie ins Meer gehen! Nehmen Sie sich in Acht vor:
- Stachelrochen
- Giftigen Seeschlangen
- Riesenquallen (Portugiesische Krieger)

Ansonsten viel Spaß beim Schwimmen!

Ich konnte es nicht glauben und hielt es für einen Witz. Trotzdem zögerte ich, ins Wasser zu gehen und sprach mit einem der Bademeister. »Was bedeutet das? Ist das wirklich ernst gemeint?«

»Sicher«, sagte er. »Um diese Jahreszeit ist die vorherrschende Windrichtung von See auf Land und unglücklicherweise treibt das Meer die Seeschlangen und Quallen an Land. Die Stachelrochen andererseits sind immer hier und verbuddeln sich im Sand im flachen Wasser. Wenn man versehentlich darauf tritt, stechen sie unweigerlich.« »Wie oft passiert das denn?«, fragte ich. »Nur ein- oder zweimal pro Woche, Sir. Aber machen Sie sich keine Gedanken – wir haben alle nötigen Gegenmittel hier.«

Das machte mich doch etwas nachdenklich. Ich ging trotzdem ins Meer, blieb aber in der Nähe des Strands und schaute mich nach potenziellen Gefahren um. Ich kann nicht sagen, dass mir das Schwimmen dieses Mal Spaß machte, den restlichen Nachmittag blieb ich am Pool.

Fazit: Es lohnt sich nicht, das Glück herauszufordern.

# Indien

## Prekäre Ankunft in Mumbai 1987

Auf einer Verkaufsreise in den Mittleren und Fernen Osten musste ich auch von Dubai nach Bombay (heutzutage Mumbai). Der Flug von Singapore Airlines sollte Dubai um 23.00 Uhr verlassen und in Bombay um 2.00 Uhr ankommen. Der Flug von Dubai hatte Verspätung, weil, wie sich später herausstellte, ein Mitglied der königlichen Familie zu spät kam. Entgegen aller internationaler Flugsicherheitsregeln hatte er sein Gepäck durch einen Diener einchecken lassen, während er noch zu Hause schlief. Aus Sicherheitsgründen begann man daher gegen Mitternacht wieder das gesamte Gepäck aus der 747 auszuladen, zur Identifikation durch die Gepäckbesitzer. Gerade zu diesem Zeitpunkt tauchte der Scheich, der verschlafen hatte, auf. Das Gepäck wurde wieder eingeladen und wir erreichten Bombay mit zweieinhalb Stunden Verspätung.

Ich hatte eine Reservierung im Lila Penta Flughafenhotel, das sich ungefähr fünf Kilometer vom Flughafen entfernt befand. Ich hatte eine schriftliche Bestätigung, dass ich vom Hotelbus am Flughafenausgang abgeholt würde. Nachdem ich die Pass- und Zollkontrolle passiert hatte, schaute ich mich im Flughafengebäude um, konnte aber keinen Abholer vom Hotel finden. Es gab jede Menge Schalter von Taxiunternehmen, wo man Tickets kaufen konnte – aber das interessierte mich nicht. Ich verließ das Gebäude durch automatische Ausgangstüren, merkte aber sofort, dass ich einen schweren Fehler gemacht hatte. Draußen war es stockdunkel – überhaupt kein Licht. Ich kam in das Gebäude nicht mehr rein, da sich die Türen nur von innen öffnen ließen.

Als meine Augen sich an die Dunkelheit gewöhnt hatten, bemerkte ich zahlreiche Bettler, die sich mir – dem einzigen Ausländer weit und breit – näherten. In der rechten Hand hielt ich meinen Pilotenkoffer, in der linken meinen schweren Koffer. Eine Frau bat mich um Geld. Sie trug ein Bündel in ihren Armen und hielt es mir direkt vor die Nase. Es wahr ein totes, verwesendes Baby, das furchtbar stank. Mein Magen drehte sich und ich kämpfte dagegen an, mich zu übergeben.

In der Zwischenzeit fassten viele Hände nach meinem Gepäck. Einige verarmte Gestalten boten mir ihr Taxi an, aber keiner sah vertrauenserweckend aus. Nach einiger Zeit bot mir ein Kleinwüchsiger an, mich in seinem Taxi mitzunehmen. Ich fühlte mich mit ihm etwas sicherer und weniger bedroht. Ich nahm sein Angebot an und wir gingen zirka 50 Meter zu seinem Taxi. Es war ein alter Vorkriegsmodell-Morris. Mein Koffer wurde in den Kofferraum geschmissen und ich setzte mich auf den Rücksitz. Ich bemerkte, dass innen die Türgriffe fehlten – es gab für mich keinen Weg mehr nach draußen. Wir fuhren los, nach zirka 100 Meter hielt der Fahrer und sein Freund stieg zu. Er erklärte mir, dass diese Gegend mitten in der Nacht gefährlich und es daher sicherer wäre, mit seinem Freund zu fahren. Offensichtlich war der Freund ein Sikh mit dem üblichen Turban und langem Bart. Dieser Freund war ein Gigant und sah sehr grobschlächtig aus – ich fühlte mich kein bisschen sicherer.

Es war Monsunzeit und es fing wieder an zu regnen. Der schmale Weg, auf dem wir fuhren, war erhöht über die umliegenden Felder und gesäumt von wassergefüllten Gräben. Hin und wieder reflektierten die Autoscheinwerfer in den Augen von Wasserbüffeln, die in den Gräben standen.

Mein Fahrer und sein Partner bezweifelten, ob ich genug Geld für die Taxifahrt dabei hätte. Sie wollten mein Geld sehen. Ich weigerte mich und sagte ihnen, sie würden bei Ankunft am Hotel bezahlt. In mir stieg die Unsicherheit, ob ich aus dieser Situation wieder lebend herauskommen würde.

Es schien Stunden zu dauern, bevor ich die Neonleuchten des Hotels in der Ferne sah. Sie waren tatsächlich lila, wie der Name des Hotels. Als wir am Hotel ankamen, verlangten sie 25 US-Dollar, in Indien eine Wahnsinnssumme für eine so kurze Strecke. Trotzdem bezahlte ich ohne murren – ich war froh, noch am Leben zu sein. Als ich mich beim Hotelmanagement beschwerte über den versprochenen, aber nicht durchgeführten Abholservice, behaupteten sie steif und fest, der Fahrer hätte dort auf mich gewartet.

Fazit: Verlassen Sie sich nicht auf Versprechungen von Indern – das könnte Sie sonst in Schwierigkeiten bringen.

## Aha – zum ersten Mal in Indien

Nach einer unruhigen Nacht im Lila Penta Hotel traf ich gegen 10.00 Uhr meinen Vertreter in der Hotellobby. Wir wollten erst mal das Besuchsprogramm detailliert durchsprechen, bevor wir nachmittags in Bombay den ersten Termin wahrnehmen sollten. Gegen Mittag lud ich meinen Vertreter in das Restaurant des Vier-Sterne-Hotels zu einem leichten Lunch ein, bevor wir aufbrachen. Es gab ein sehr gut aussehendes Büffet oder als Alternative à la carte. Wir entschieden uns für das Büffet. Ich holte mir einen bunt gemischten Salat und etwas Fladenbrot als Vorspeise. Nachdem ich den Salat genüsslich verzehrt hatte, hörte ich eine Stimme vom Nebentisch. Es waren Schwedische Geschäftsleute und einer wandte sich an mich mit den Worten: »Aha – zum ersten Mal in Indien!« »Wie kommen Sie denn darauf?«, fragte ich. »Haben Sie jemand außer Ihnen Salat essen sehen?«, fragte er mich. Die anderen lachten. Ich begriff sofort, was er meinte. Selbst mein indischer Vertreter fing sofort mit einem Curry und Reis an. Das hätten sie mir etwas früher sagen sollen.

Das Wasser in ganz Indien ist nicht zum Trinken, aber auch nicht zum Salatwaschen geeignet. Das stellte sich schnell raus. Ich schaffte mit Mühe noch den Nachmittagstermin, bevor ich abends für mehrere Stunden in meiner Toilette verschwand. Gott sei Dank hatte ich sofort in der Apotheke mit den richtigen Medikamenten vorgesorgt, sodass ich am nächsten Tag wieder »dicht« war.

Fazit: In Indien möglichst nur Gekochtes essen und Getränke aus ungeöffneten Flaschen zu sich nehmen. Auf meine Erfahrungen sollte man verzichten.

## Fünf-Sterne-Taxi

Auf einer Geschäftsreise nach Bombay, das heutzutage wieder den alten Namen Mumbai trägt, war ich von meinem Vertreter in das angebliche Fünf-Sterne-Hotel Centaur eingebucht. Dieses große, in runder Form gebaute Hotel mit innenliegendem Hof, mit Pool und Rundkurs für Jogger war früher wohl mal ein Nobelhotel gewesen. Als Staatsbetrieb war es jedoch richtig heruntergewirtschaftet worden und nur noch die Preise deuteten auf seinen ehemaligen Glanz.

Ich kam abends gegen 22.00 Uhr im Hotel an und checkte am nächsten Abend gegen 21.00 Uhr wieder aus, um noch rechtzeitig für meinen Nachtflug zum Flughafen zu gelangen. Dafür verlangte das Hotel zwei volle Tagessätze, das heißt 300 Euro.

Zunächst jedoch traf ich morgens im Restaurant meinen Vertreter beim Frühstück. Dies fiel sehr spartanisch aus, da mir der Appetit durch die am Grill hochkrabbelnden Kakerlaken vergangen war.

Nun wurde es Zeit für unseren Geschäftstermin. Wir setzten uns in

das erste, an der Hotelausfahrt wartende Taxi. Als wir losfuhren, bemerkte ich, dass die Lautstärke des Gesprächs zwischen dem Taxifahrer und meinem Vertreter unangenehm laut geworden war.

Abrupt hielt das Taxi wieder und wir stiegen aus. Mein Vertreter erzählte mir nun auf Englisch, dass der Taxifahrer einen lächerlich hohen Preis für unsere relativ kurze Fahrt gefordert hatte. Seine Begründung war: Ihr wohnt in einem Fünf-Sterne-Hotel – dann bezahlt ihr auch Fünf-Sterne-Taxipreise. Wir gingen zu Fuß zur Hauptstraße, um dort ein Taxi anzuhalten. Nach mehreren 100 Metern gelang uns dies schließlich. Bei 40 Grad Celsius und hoher Luftfeuchtigkeit war zumindest ich vollständig durchgeweicht und machte beim Kunden wohl nicht mehr den frischesten Eindruck.

## Airport-Transfer

Nach mehreren Besuchen in Indien hatte ich in der Zwischenzeit erkannt, dass man sich dort besonders vorsichtig verhalten sollte. Ich war in Baruda, heutzutage Vadodara, zirka eine Flugstunde nördlich von Bombay. Spätnachmittags hatte ich einen Inlandsflug von Baruda nach Bombay Domestic Airport und sollte dann vom internationalen Flughafen nach Amsterdam weiterfliegen. Man hatte mir versichert, dass KLM einen Shuttlebus betreibt, der zwischen den domestic und den internationalen Terminals pendelt. Bei Ankunft in Bombay fragte ich im Airport nochmals nach diesem Service und man versicherte mir, dass der Bus vor der Terminaltür warten würde. Nachdem ich den Terminal durch die Automatiktüren verlassen hatte, warteten draußen zahlreiche Taxifahrer, die schon nach meinem Gepäck griffen. Sie wollten mich für zirka 25 Euro zum fünf Kilometer entfernten internationalen Terminal bringen. 25 Euro war zu dieser Zeit fast ein Monatslohn für einen Taxifahrer in Indien.

Ich lehnte dankend ab und erwähnte den Shuttlebus. Man lachte mich aus und bemerkte, dass dieser Service schon seit mehreren Monaten eingestellt worden war.

Ich wartete eine halbe Stunde, aber nichts passierte. Nach einer weiteren viertel Stunde kam ein Taxifahrer und sagte mir, wenn ich jetzt mitfahren wollte, müsste er die Wartezeit mit berechnen und 30 Euro verlangen.

Langsam wurde es dunkel und ich hatte bereits eineinhalb Stunden gewartet. Ich bemerkte zwei Inder, die sich ebenfalls mit den Taxifahrern auseinandersetzten und dann neben mir warteten. Wir kamen ins Gespräch, ebenso wie ich wollten sie zum internationalen Terminal und waren auch nicht bereit, die Taxipreise zu bezahlen. Eine viertel Stunde später hielt vor uns ein uralter Bus mit der Aufschrift »Indian Army Veteran Service« – offensichtlich ein Service für das indische Militär. Die zwei Inder sprachen mit dem Fahrer und boten mir an, mitzufahren. Ich fragte, was es kostet, doch man sagte mir, sie hätten schon für mich mitbezahlt. Anscheinend hatte man einen Obolus von 25 Cent für die Veteranenkasse der indischen Armee verlangt.

Die halbstündige Busfahrt im Schritttempo durch den Berufsverkehr der Vorstadt war nicht ungefährlich.

Anstelle von Fenstern hatte der Bus nur mit Stäben vergitterte Fensteröffnungen. Sobald der Bus langsamer fuhr oder hielt, kamen von außen Hände durch die Gitterstäbe und versuchten nach dem Gepäck zu greifen oder um Gaben zu betteln. Die indischen Fahrgäste kannten dies schon und schlugen mit Stöckchen auf die Hände der Bettler, bis diese sich zurückzogen.

# Indonesien

## Billiger Jakob in Balikpapan/Borneo

Im Januar 2003 erhielt ich einen dringenden Anruf von einem Kunden in Indonesien. Während der Inbetriebnahme einer Verladeanlage, die von meiner Firma geliefert wurde, trat eine Leckage von Ammoniak auf, die eine Person tötete und 13 weitere schwer verletzte.

Dieser Unfall in Bontang/Kalimantan ging durch die Presse in Jakarta und man verlangte eine Untersuchung zur Klärung der Unfallursache. Man bat mich, nach Bontang zu reisen, um unserem Kunden, einer amerikanischen Ingenieurfirma, zu helfen, die gerade dabei war, die Anlage an den indonesischen Betreiber zu übergeben.

Ich flog nach Singapur, um dort ein Visum zu beantragen und den Baustellenleiter unseres Kunden zu treffen. Von Singapur setzten wir die Reise gemeinsam fort mit einem Flug nach Balikpapan. Von dort ging es in einem uralten Propellerflugzeug weiter nach Bontang, einem Ort, der direkt am Äquator liegt. Tatsächlich gibt es in Bontang ein Hotel mit dem Namen Äquator, in dem die Bar nördlich und die Toilette südlich des Äquators liegt.

Es stellte sich heraus, dass der Unfall auf eine Fehlbedienung zurückzuführen war. Es hätten auch nur zwei Personen des Bedienpersonals während der Verladung an Bord des Schiffes sein sollen. Die restlichen elf Opfer waren neugierige Besucher ohne Genehmigung.

Zusammen mit unserem Kunden erstellte ich einen Schadensbericht und Reparaturanweisungen. In der Zwischenzeit war auch einer unserer Supervisoren auf der Baustelle eingetroffen, um die Anlage für die nächste Verladung zu reparieren.

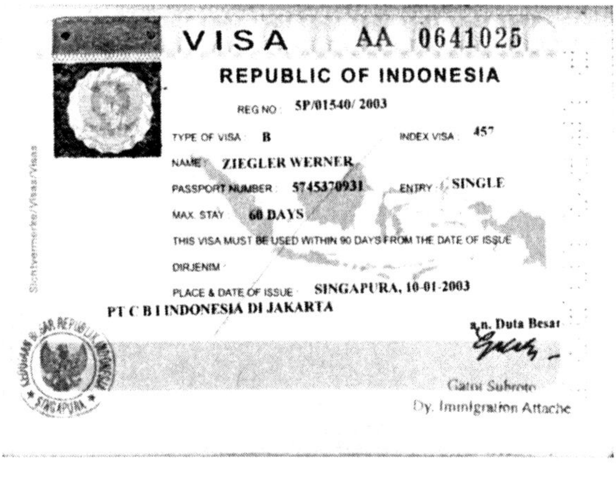
VISA AA 0641025
REPUBLIC OF INDONESIA
REG NO : SP/01540/ 2003
TYPE OF VISA : B INDEX VISA : 457
NAME : ZIEGLER WERNER
PASSPORT NUMBER : 5745370931 ENTRY : SINGLE
MAX. STAY : 60 DAYS
THIS VISA MUST BE USED WITHIN 90 DAYS FROM THE DATE OF ISSUE
DIRJENIM :
PLACE & DATE OF ISSUE : SINGAPURA, 10-01-2003
PT C B I INDONESIA DI JAKARTA
a.n. Duta Besar
Gatot Subroto
Dy. Immigration Attache

Bontang ist ein weit abgelegener Ort, umgeben von dampfend heißem Dschungel. Das Klima liegt dauerhaft bei etwa 35 Grad Celsius und 100 Prozent Luftfeuchtigkeit. Ich war froh, als ich nach drei Tagen wieder abreisen konnte. Frühmorgens nahm ich das erste Firmenflugzeug, um nach Balikpapan zu kommen, von wo ich einen Weiterflug zurück nach Singapur gebucht hatte.

Im Flughafen von Balikpapan checkte ich für den Singapur-Flug ein und ging zur Passkontrolle. Der Passbeamte sah mich und meinen Pass an und murmelte, dass ich kein gültiges Visum hätte und daher das Land nicht verlassen könne. Ich war total verblüfft und zeigte auf das Visum, das für 60 Tage gültig war – und davon hatte ich nur drei Tage aufgebraucht. Er bestand weiter darauf, dass mein Visum nicht gültig sei. Eine lange Schlange hatte sich in der Zwischenzeit hinter mir gebildet. Langsam kam ich ins Zweifeln. Mir dämmerte, dass er wahrscheinlich Bakschisch wollte, um mich durchzulassen. Ich befürchtete jedoch, dass, wenn ich ihm Geld anböte, dies als Bestechungsversuch eines Beamten ausgelegt werden könnte. Ich sah ihn an und fragte, was die Kosten einer Visumverlängerung wären. »Ah«, sagte er, »jetzt haben Sie es endlich kapiert. Das kostet zehn Dollar.« Nun hatte ich die offizielle Bestätigung und gab ihm zehn Singapur-Dollar. Er runzelte die Stirn. »Ich wollte zehn US-Dollar«, sagte er (ungefähr das Doppelte von dem, was ich ihm gegeben hatte). »Tut mir leid, das ist alles, was ich habe«, sagte ich. Er sah mich mit Verachtung an. »In Ihrem Fall mache ich eine Ausnahme. Offensichtlich sind sie nur ›ein Billiger Jakob‹!«

Mit dieser Beleidigung konnte ich leben. Ich war froh, als ich endlich in der internationalen Warte-Lounge saß. Als wir in der Luft waren, fühlte ich mich noch besser. Ich konnte immer noch nicht glauben, dass ein Passbeamter vor Dutzenden von Zeugen ein Schmiergeld verlangte. Aber offensichtlich ist das in diesem Teil der Welt ganz normal.

Fazit: Manchmal zahlt es sich aus, schon etwas Geld zwischen den Seiten des Passes zu deponieren, bevor man zur Passkontrolle kommt. Wenn sich jemand beschwert, kann man immer noch sagen, dass es ein Versehen war.

## Ungewöhnliche Geschäftsmethoden – Arun/Bali

Vor einigen Jahren beschloss ich, ein Projekt in Indonesien anzugehen, obwohl es hieß, es wäre praktisch unmöglich, in Indonesien Geschäfte zu machen ohne riesige Bestechungsgelder. Damals konnte man die Industrie in Indonesien in zwei Sparten teilen. Zum einen Staatsbetriebe, bei denen Korruption weit verbreitet war, und andererseits Privatbetriebe, die meist von Chinesen gelenkt wurden. Zu der Zeit hatte ich Vertreter in Jakarta, die ursprünglich aus Taiwan kamen, aber in der Zwischenzeit in Indonesien gut eingeführt waren.

Bei dem fraglichen Projekt ging es um einen neuen Öl- und Gasterminal in Amuk/Bali. Der Betreiber war die größte Öl- und Gasfirma in Indonesien – natürlich ein Staatsbetrieb.

Damals war ich bis zu acht Mal pro Jahr in Südostasien, daher hatte ich mir vorgenommen, dieses Projekt selbst zu betreuen, von Anfang bis zum Schluss. Ich gab in Jakarta eine Präsentation über unsere Firma und unsere Produkte, bevor die Ausschreibung erstellt war.

Man sagte mir, dass 20 internationale Ingenieurfirmen aus allen Teilen der Welt für dieses Projekt als Anbieter qualifiziert wurden, einschließlich Firmen aus Australien, Korea, Japan, Singapur, Europa und USA. Alle diese Firmen mussten die Ausschreibungsunterlagen kaufen für jeweils etwa 100000 US-Dollar, um Angebote erstellen zu können. Die Spezifikationen waren von einer bekannten japanischen Ingenieurfirma erstellt worden und auf dem allerneuesten technischen Stand. Nach Auswertung der Unterlagen entschlossen sich 15 Firmen, sich nicht zu beteiligen. Die anderen fünf gaben Gesamtangebote ab, die auch unsere Angebote beinhalteten.

Regelmäßig überprüfte ich den Fortschritt der Angebotsauswertung durch meinen Vertreter, aber auch durch persönliche Besuche, es verging fast ein Jahr ohne Fortschritt. Plötzlich hörte ich jedoch, dass der Kunde alle Angebote als zu teuer zurückgewiesen hatte. Eine neu gegründete lokale indonesische Firma wurde daraufhin eingeladen, ein Angebot zu erstellen, sie gewann schließlich den Auftrag. Diese Firma war ursprünglich nicht auf der genehmigten Anbieterliste gewesen und hatte keinerlei Referenzen, die sie für ein derartiges Projekt qualifiziert hätten.

Die Firmeneigner dieser neuen Firma waren ehemalige Manager des Staatsbetriebs, der der Endkunde war. Die Sache stank zum Himmel. Sofort besuchte ich diesen eventuellen Neukunden. Die Büros befanden sich in einer kleinen Drei-Zimmer-Wohnung und die gesamte Belegschaft bestand aus nicht mehr als zehn Personen. Offensichtlich waren sie für dieses Projekt nicht qualifiziert. Sie übergaben mir eine revidierte Spezifikation für unseren Lieferumfang. Auf einmal wollte man keinen »Mercedes Benz« mehr, sondern einen »VW Käfer«. Die Betreiber schienen jetzt nur noch auf den Preis zu schauen, ohne Sicherheits- oder Umweltfragen zu berücksichtigen.

Dies war für meine Firma und mich eine schlechte Nachricht, da wir uns auf technischen Fortschritt spezialisiert hatten und ich mich nicht wohl fühlte, eine schlechtere technische Lösung anzubieten. Nachdem wir jetzt jedoch schon so weit gekommen waren, wollte ich auch bis zum Schluss dabei sein in der Hoffnung, den Auftrag zu erhalten. Wir revidierten unser Angebot und gaben einen Preis ab, der nur knapp über unseren Herstellkosten lag. Trotzdem reichte dies nicht. Beim nächsten Besuch musste ich mir den Zugang beim Projektdirektor und Einkaufsleiter des Kunden quasi erzwingen. Widerwillig sagten sie mir, wir hätten den Auftrag an unseren französischen Wettbewerber verloren, die wesentlich billiger wären und die Anlage in Singapur bauen ließen. Ich sagte, dass ich das nicht glauben könne, da wir praktisch zu Herstellungskosten angeboten hätten. Man zeigte mir das Angebot des Wettbewerbers und es war tatsächlich wesentlich niedriger. Ich war froh, dass wir den Auftrag nicht zu diesem Preis durchführen mussten, und wandte mich vielversprechenderen Projekten zu.

Jahre später machte ich auf Bali Urlaub. Auf einer Rundreise um die Insel machten wir Mittagspause in einem Restaurant mit einem wunderschönen Blick auf den Strand und übers Meer. Während ich auf der Terrasse einen kühlen Drink schlürfte, sah ich mich um und bemerkte in der Ferne eine Verladebrücke, weit in das Meer hinausgebaut, mit einer langen Rohrbrücke und einem Tanklager. Alles war verrostet und sah furchtbar vernachlässigt und unsicher aus.

Ich fragte den Kellner: »Wo sind wir hier eigentlich, wie heißt der Ort und wer ist der Betreiber?« »Dies ist der Arun-Terminal, der unserem größten indonesischen Öl- und Gaskonzern gehört, Sir«, sagte er.

Mal wieder hatte man ein weiteres Umweltrisiko auf der schönen Insel Bali geschaffen, nur um die Taschen einiger Geschäftsmänner in Jakarta zu füllen.

Fazit: Ab dieser Zeit habe ich keine Projekte von indonesischen Staatsfirmen mehr bearbeitet. Meine taiwanesischen Freunde schafften es, eine Anzahl lukrativer Aufträge zu bekommen von der privaten Wirtschaft – ohne Korruption.

# Iran

## Unter Ariern

Im Februar 1993 wurde ich von meinem iranischen Agenten gebeten, nach Teheran zu kommen, um ein dreitägiges Seminar für die Hafenmeister der iranischen Öl- und Gasfirmen zu geben und unsere Firma mit unseren Produkten vorzustellen. Bis zu diesem Zeitpunkt hatte unser Konkurrent diesen Markt unbestritten für sich alleine und es wurde Zeit, dem ein Ende zu bereiten.

Mein Agent hatte einen deutschen Partner aus Hamburg, der viele Jahre in Teheran gelebt hatte und mit einer Iranerin verheiratet war. Er sprach fließend Farsi (Persisch) und sollte mich begleiten. Wir hatten vereinbart, dass die potentiellen Kunden aus den verschiedenen Häfen wie Kharg Island, Bandar Abbas und Abadan nach Teheran kommen würden. Meine Aufgabe war, das dreitägige Seminar in einem zentral in Teheran gelegenen Hotel zu organisieren sowie alle Kosten für die Konferenzräume sowie die Verköstigung zu übernehmen.

Wir buchten das Hotel Esteglal, das frühere Hilton (vor der Revolution). Man hatte mich unterrichtet, dass das Hotel keine Kreditkarten akzeptiere und ich in US-Dollar bezahlen müsse.

Das Hotelpersonal war freundlich, doch konnte man sehen, dass das Hotel viel von seinem früheren Glanz verloren hatte.

Eines Nachts wachte ich durch ein lautes, klopfendes Geräusch draußen auf. Ich blickte aus dem Fenster und traute meinen Augen kaum. Draußen war es sehr kalt und der Pool begann überzufrieren. Man ließ jedoch nicht das Wasser ab, wie das sonst überall auf der Welt im Winter üblich ist, sondern Hotelpersonal stocherte mit langen Stangen die ganze Nacht im Pool, um ein Überfrieren zu verhindern. Dies passierte nun jede Nacht.

Mein Partner erinnerte mich daran, vorsichtig zu sein, wenn ich den Fahrstuhl nähme. Sollte sich schon eine Frau darin befinden, war es strikt verboten, den Fahrstuhl zu betreten. Allein mit einer Frau im Fahrstuhl zu sein, mit der man nicht verheiratet oder verwandt ist, war ein strafbares Sexualvergehen.

Das Essen war einfach, bis auf den täglichen Kaviar, der von bester Qualität und sehr preisgünstig war. Natürlich gab es keine alkoholischen Getränke.

Die Teilnehmer des Seminars waren am Anfang etwas zurückhaltend.

*Im Hotel Esteglal in Teheran 1993*

Beim Mittag- und Abendessen tauten sie jedoch auf und zu meiner Überraschung sprachen mich viele als »mein arischer Bruder« an. Erst später lernte ich, dass sie sich selbst auch Arier nennen und dass Iran in ihrer Sprache tatsächlich »Land der Arier« bedeutet.

Sie schätzten es, dass jemand aus Europa gekommen war, um ihnen die neuesten Entwicklungen für ihre Umschlagshäfen vorzustellen, ohne sofort einen Auftrag zu erwarten. Anscheinend hatte sich unser Wettbewerber immer nur bei Vergabeverhandlungen gezeigt. Ich bin froh, sagen zu können, dass ich zwei Jahre später einen Auftrag erhielt, der direkt auf dieses Seminar zurückging.

Nach drei Tagen war es Zeit, aus dem Hotel auszuchecken. Als ich nach der Rechnung fragte und in US-Dollar bezahlen wollte, sagte man mir, ich könne nur in iranischen Rial (IRR) bezahlen. Man gab mir auch höflich zu verstehen, dass der Wechselkurs des Hotels nicht sehr gut wäre. Ich würde aber einen wesentlich besseren Kurs am Bankschalter der in der Hotelhalle gelegenen Bank erhalten. Ich ging quer durch die Lobby und wechselte 3500 US-Dollar. Der Schalterbeamte gab mir eine Quittung für über 30 Millionen Rial und zwei Schuhkartons voll mit 10000-Rial-Noten. Ich trug die schwere Last quer durch die Hotelhalle, schämte mich etwas und zahlte meine Rechnung. Ich war gespannt, wie das Geld gezählt würde, aber man hatte eine automatische Zählmaschine, in kürzester Zeit war alles erledigt und ich hatte zirka drei Prozent gespart, also 100 US-Dollar. Ich brachte die leeren Kartons zur Bank zurück und bedankte mich.

Fazit: Nach meiner Erfahrung sind die Iraner sehr nette und höfliche Leute. Nur die Fundamentalisten schüren den Hass auf den Westen und machen Probleme. Andererseits sind die Iraner in der Vergangenheit schon häufig vom Westen besonders den USA und Großbritannien betrogen worden, die gerne die Öl- und Gasreserven des Iran ausbeuten wollen. Deshalb ist es verständlich, dass man dem Westen nicht traut.

# Japan

## Eine unglaubliche Geschichte

Vor einigen Jahren verbrachte ich eine Woche in Tokio mit geschäftlichen Terminen in Tokio und dem nahe gelegenen Yokohama. Mein Agent Tanahashi San assistierte mir. Ich bewunderte ihn, wie er es fertig brachte, die Termine trotz der notorischen Staus in Tokio einzuhalten.

Am Samstag hatten wir einen freien Tag und trafen uns abends in seiner Stammkneipe auf ein paar Drinks und typisches japanisches Essen.

Ich wohnte im Hotel Othani in der Stadtmitte und hatte für den nächsten Morgen den Sieben-Uhr-Transferbus zum Flughafen Narita gebucht. Mein Plan war, den Elf-Uhr-Flug von Japan Airlines nach Bangkok zu nehmen, wo ich am nächsten Morgen um 10.00 Uhr ein wichtiges Meeting hatte.

Zufällig trafen wir in der Kneipe einen Mann aus Okinawa, der uns überzeugte, dass der Sake aus Okinawa viel besser als der aus dem restlichen Japan sei. Normaler Sake hat ungefähr 14 Prozent Alkohol, der von Okinawa jedoch zirka 40 Prozent, wie ich später herausfand. Als ich am nächsten Morgen in meinem Hotelzimmer aufwachte, war es 9.00 Uhr und mein Bus war lange weg. Ich rief Tanahashi an und fragte, ob er mich schnell zum Flughafen bringen könnte, um den 11.00-Uhr-Flug noch zu erreichen. Als typischer Japaner sagte er: »Das wird schwierig.« Ein Japaner würde nie sagen: »Das geht nicht.«

Wir trafen uns 9.30 Uhr vor dem Hotel und fuhren direkt in den ersten Stau. Die Entfernung zum Flughafen betrug zirka 80 Kilometer und wir erreichten den Terminal genau um 10.30 Uhr.

Ich ging in die Halle und sah Reihen von Schaltern mit langen Menschenschlangen. Doch am Ende der Halle entdeckte ich einen Serviceschalter, der frei war. Ich fragte den Schalterbeamten, ob er mir helfen könnte, den 11.00-Uhr-Flug noch zu erreichen. Die Antwort war: »Das wird schwierig!« Er telefonierte und plötzlich ging alles sehr schnell. Er nahm mein Ticket und Gepäck. Ein Kollege gab mir einen Boarding Pass und nahm mich an der Hand.

Er begleitete mich zum Diplomatenschalter der Passkontrolle. Die normale Passkontrolle hätte länger als eine halbe Stunde gedauert. Nun stieg er mit mir in die Hochbahn, um mich direkt zum Gate zu bringen. Er wünschte

mir eine gute Reise und entschuldigte sich, dass mein reservierter Platz vergeben war und ich einen Platz direkt an der Tür bekommen hatte.

Schweißgebadet sank ich in meinen Sitz und trank gierig ein Glas Champagner. In diesem Moment kam der letzte Passagier und setzte sich neben mich. Die Tür wurde geschlossen und das Flugzeug rollte zum Start.

Mein Nachbar war total erschöpft und bat die japanische Flugbegleiterin um ein Getränk. Sie verstand ihn nicht und er wiederholte seine Bitte mehrmals. Ich bemerkte, dass er Englisch mit sehr starkem thailändischem Akzent sprach, was die Japanerin nicht verstand. Etwas zögerlich betätigte ich mich als Übersetzer.

Mein Nachbar erzählte mir, dass er gerade aus Dallas/Texas kam und sein Flug so viel Verspätung hatte, dass er den Weiterflug nach Bangkok fast verpasste. Ich sagte ihm, dass ich Dallas auch etwas kennen würde, da ich dort schon auf früheren Reisen bei Texaco in der Zentrale gewesen sei. Er habe die ganze Woche bei Texaco verbracht, erwiderte er darauf. Da fragte ich ihn direkt, ob er eventuell Colonel Somsak von PTT, Bangkok, wäre. Sehr verblüfft bestätigte er mir: »Ja, der bin ich. Aber woher wissen Sie das?« Ich stellte mich vor und erinnerte ihn daran, dass ich am nächsten Morgen ein Meeting mit ihm hätte. Seine Sekretärin hatte mir die Woche davor gesagt, er wäre bei Texaco in Dallas. Wir waren beide der gleichen Meinung: Die Welt wird kleiner! Am Montag Morgen begrüßten wir uns wie alte Freunde und hatten ein sehr offenes und erfolgreiches Meeting.

Fazit: Niemals aufgeben und auch auf das Unmögliche vorbereitet sein.

# Katar

## Einreise 1984

Seit meinem ersten Besuch 1984 hat sich Katar unglaublich entwickelt. Heutzutage gehört Katar zu den am höchsten entwickelten Ländern am Persischen Golf, gleich hinter Dubai, Abu Dhabi oder Bahrein. Als ich damals am 11. Dezember kurz vor Mitternacht ankam, war das noch ganz anders und alles etwas ungewöhnlich.

Bei der Einreise wurde mir zu meiner Überraschung mein Reisepass abgenommen. Dafür bekam ich ein Stück Papier von der Größe einer Kreditkarte. Dies sollte während meines Aufenthalts als Ausweis dienen. Es war handschriftlich mit irgendwelchen arabischen Schriftzeichen versehen. Mein Gepäck kam als letztes auf dem Gepäckband an und wurde vom Zoll einer detaillierten Inspektion unterzogen. Endlich konnte ich das Flughafengebäude verlassen und eilte dem nächsten Taxi entgegen. Plötzlich bemerkte ich, dass ich in der Eile zwar meinen Koffer im Taxi verstaut, aber mein Handgepäck, einen Pilotenkoffer, der alle wichtigen Unterlagen für die Verhandlung am nächsten Tag enthielt, im Röntgengerät vergessen hatte. Ich wies den Taxifahrer an, sofort zum Flughafen zurückzufahren. Dort angekommen ließ ich mein Gepäck in vollstem Vertrauen zum Fahrer in dessen Kofferraum zurück. Ich musste an den Automatiktüren des Terminals warten, bis jemand herauskam, da diese sich nur von innen öffnen ließen. Schließlich flitzte ich durch die Tür und blickte direkt in den Lauf einer Maschinenpistole. Es bedurfte aller Überredungskünste, um dem Polizisten von meinem unschuldigen Ansinnen zu überzeugen. Glücklicherweise war mein Pilotenkoffer noch da und ich konnte endlich meine Fahrt nach Doha, der Hauptstadt von Katar, beginnen.

Damals gab es in Katar in Hotels und Restaurants keinen Alkohol. Daher war ich sehr erstaunt, als mich mein Vertreter nach Hause einlud und Drinks an seiner voll ausgerüsteten Hausbar anbot. Er war Inder und erklärte mir, dass er sich als »Alkoholiker« in Katar hatte registrieren lassen. Dadurch war er berechtigt, in einem offiziellen Laden der Regierung eine monatliche Ration an Spirituosen, Wein und Bier zollfrei zu beziehen. Nach einem halben Dutzend Whiskeys fuhren wir mit dem Auto zum Abendessen in ein Restaurant. Ich fragte ihn, ob er denn keine Bedenken habe, alkoholisiert zu fahren. Er lachte nur. Die Polizei hatte damals gar keine Mittel,

*Doha, Qatar Exhibition*

einen Alkoholtest durchzuführen.

Nach einer Woche war meine Mission beendet und ich war rechtzeitig wieder am Flughafen, um auszureisen. An einem Schalter gab ich meinen provisorischen Ausweis ab und wartete auf meinen Reisepass. Nach fünf Minuten hatte sich hinter mir schon eine Schlange gebildet, aber ich wartete immer noch. Durch eine Luke konnte ich sehen, dass die Rückwand des Büros mit Regalen versehen war, auf denen sich wohl weit über tausend Pässe befanden. Wie sich herausstellte, waren diese nur nach Farben geordnet. Damals hatte ich noch einen grünen Pass, wie außer Deutschland noch mehrere Nationen. Der Beamte kam zurück, sagte mir, mein Pass wäre nicht auffindbar, und wandte sich nun an meinen Hintermann in der Warteschlange. Da wurde ich laut und machte ihm klar, dass ich nicht weichen würde, bis ich meinen Pass hätte. Nach weiteren fünf Minuten wurde er endlich fündig. Er war genauso schweißgebadet wie ich. Ich war um einiges gealtert.

Fazit: Auch hier die klare Devise – stay cool!

# Südkorea

## Bordverpflegung

Generell ist besonders in den Städten von Südkorea alles bestens organisiert, nach amerikanischem Vorbild. Dies geht wohl auf die Jahrzehnte währende Besatzung der Amerikaner seit dem Koreakrieg zurück.

In der Vergangenheit war Kimpo Airport der Flughafen von Seoul, mit einer sehr schnellen Verbindung in die Innenstadt. Heutzutage ist Kimpo für internationale Flüge geschlossen und man muss über den neuen Flughafen Inchon, der wesentlich weiter entfernt ist, einreisen.

Im Laufe meiner zahlreichen Reisen, manchmal bis zu acht Mal pro Jahr in Asien, habe ich viele Erfahrungen mit Kimpo gemacht. Ich hatte wieder mal das Prozedere der Ausreise hinter mich gebracht und saß in einer Maschine der NWA (North West Airlines) bereit zum Abflug nach Taipeh – ein Katzensprung von Seoul. Es war später Nachmittag und ich freute mich auf ein echt taiwanesisches Dinner mit meinem Vertreter in Taipeh. Die üblichen Pre-Flight-Drinks wurden gereicht, aber sonst tat sich nichts. Zirka eine halbe Stunde nach der offiziellen Abflugzeit wurde uns mitgeteilt, es gäbe aufgrund technischer Probleme eine weitere Verzögerung. In der Zwischenzeit hatte ich mich mit meinem Sitznachbarn, einem Anwalt aus Panama, bekannt gemacht. Er erzählte mir von einem wichtigen Termin am selben Abend in Taipeh. In der Maschine befanden sich auch zahlreiche Passagiere, die in Taipeh eine Umsteigeverbindung nach USA gebucht hatten und bereits unruhig wurden. Da sich der Flug weiter verzögerte, entschied man sich, die Mahlzeiten zu servieren, während die Maschine noch am Boden war. In der Zwischenzeit war es 20.00 Uhr abends geworden und ein halbes Dutzend Flüge anderer Airlines nach Taipeh war erfolgreich gestartet. Gegen 21.30 Uhr benachrichtigte man uns, dass die Reparatur an diesem Tage nicht mehr erfolgen würde. Nun waren auch alle Flüge nach Taipeh für diesen Tag weg. Mein Nachbar war äußerst sauer und wunderte sich, wie es nun wohl weitergehen würde. Ich vermutete, man würde uns wohl um zirka 23.00 Uhr, wenn der Flughafen sowieso geschlossen wird, ohne Gepäck mit dem Bus in das Swiss Grand Hotel in der Nähe des Flughafens bringen, wo wir noch einen Mitternachtssnack in Form von Spagetti Bolognese bekämen. »Woher wollen Sie denn dies so genau wissen?«, fragte er erstaunt. »Weil ich es schon zwei Mal mitgemacht habe«, antwortete ich. Genau so ergab es sich dann auch und wir haben uns im Hotel darüber noch köstlich amüsiert.

Natürlich gab es auch andere Zeitgenossen, die der Airline mit Anwälten und Sanktionen drohten. Auch diese kamen am nächsten Tag keine Sekunde früher weg.

Fazit: Der Spruch »stay cool« hat oft was für sich.

## Koreanische Hundeliebe

Die asiatische Küche genießt generell einen guten Ruf, besonders die japanische, thailändische und chinesische. Ganz abgesehen von dem guten Geschmack, ist die japanische und thailändische Küche sehr gesund, die chinesische ist allerdings etwas fettig und teilweise schwer verdaulich.

Die koreanische Küche wiederum ist etwas ganz anderes und man muss sich an ihren Geschmack erst gewöhnen. Die Koreaner essen gerne Kimshi, eine Art fermentiertes Gemüse, das Europäer selten mögen.

Als wir quer durch das Land reisten, mein koreanischer Agent, mein technischer Manager und ich, hielten wir irgendwo im Hinterland zum Mittagessen an, das behagte mir gar nicht. Dies war die erste Reise meines Managers nach Fernost und er war richtig gierig danach, mal richtige koreanische Küche zu kosten.

Das Restaurant war ziemlich voll und wir bekamen den letzten freien Tisch. Es sah aus wie das typische Koreanische Barbeque-Restaurant. Jeder Tisch hatte in der Mitte einen Messingkegel, der in diesem Fall mit Holzkohle erhitzt wurde. Das war sehr viel besser als die übliche Methode mit Gasbeheizung. Ich hatte mich nie sicher gefühlt mit einer Gasflasche unter dem Tisch, besonders wenn ich poröse Gasschläuche sah. Man hatte das Gefühl, dass das Lokal jederzeit detonieren könnte.

Es gab keine Speisekarte, aber unser Agent bestellte ein paar Flaschen OB-Bier und das Essen. Es bestand aus Schalen mit Kimshi und gekochtem Reis und einer Platte mit dünnen Scheiben von tiefgefrorenem Fleisch, ähnlich wie Frühstücksspeck. Man nahm sich die Scheiben mit Essstäbchen und legte sie auf den heißen Kegel. Innerhalb von einer Minute war das Fleisch gar und schmeckte köstlich. Mein deutscher Begleiter aß, als ob er verhungert wäre. Wir hatten Mühe, unseren Anteil zu bekommen.

Es war ein erfreuliches Erlebnis, trotzdem wurde es Zeit weiterzureisen zu unserem Nachmittagstermin. Während unser Agent bezahlte, gingen wir schon vor nach draußen, gerade rechtzeitig, um eine neu ankommende Frischfleischlieferung zu sehen. Wir hatten eine teure koreanische Spezialität gegessen, nämlich Hundefleisch. Der Agent lachte, als er unsere betroffenen Gesichter sah.

*Fresh Meat Delivery*

Fazit: Seien Sie immer bereit für fremdartige Erfahrungen in anderen Ländern.

## Ost-West-Begegnung

Im Allgemeinen können Verhandlungen in Südkorea und den meisten asiatischen Ländern sehr schleppend verlaufen. Es ist schwierig, eine klare Antwort auf Fragen zu bekommen, und Geduld ist eine Gabe, die man dort nicht missen darf.

Wieder einmal hatte ich eine Verhandlung von 9.00 Uhr morgens bis 17.00 Uhr nachmittags hinter mir und gerade als ich dachte, wir hätten einen Durchbruch erzielt, fing alles wieder von vorne an. Wir unterbrachen die Sitzung und einigten uns, darüber nochmals zu schlafen, bevor wir uns am nächsten Tag wieder trafen. Ich rief ein Taxi und erreichte mein Hotel namens Lotte, im Stadtzentrum gelegen, gegen 18.00 Uhr. Frustriert steuerte ich sofort das im Kellergeschoss gelegene Hotelpub an. Wenn ich mich richtig erinnere, hieß das Pub Toby's Arms und war einem typisch britischen Pub nachempfunden.

Als ich das Pub betrat, war es fast leer, ich setzte mich direkt an die Theke und bestellte ein großes Bier. Die Bar hatte die Form eines Hufeisens und auf der gegenüber liegenden Seite bemerkte ich eine sehr gut aussehende koreanische Dame, die an einem Cocktail nippte. Während ich mich noch wunderte, was sie zu dieser Zeit schon in einer Bar wollte, kam ein

weiterer Kunde herein und setzte sich neben sie. Wie sich herausstellte, war er Amerikaner. Da das Lokal leer war, hörte ich zwangsweise die folgende Konversation.

Er bestellte einen Drink, nahm einen Schluck und wandte sich ihr zu. Bevor er jedoch etwas sagen konnte, fragte sie ihn: »Was machen Sie hier, Sir?« Er antwortete: »Ich bin geschäftlich hier.« Sie: »Ich auch.« Er antwortete: »Dann sollten wir zusammen ins Geschäft kommen.« »O.K.«, sagte sie, »lasst uns gehen.«

Sie verließen die Bar zusammen und ich sah den Barkeeper überrascht an. Er lächelte mich an und sagte nur: »So spielt das Leben.« Ich war platt. Das waren mit Sicherheit Leute, die sich schnell entscheiden können – ganz nach meinem Geschmack. Die konnte man mit meinen Verhandlungspartnern nicht vergleichen.

Ich trank noch ein Bier und dachte darüber nach, wie ich meine Verhandlungsfertigkeit weiter verbessern konnte. Langsam füllte sich das Pub, aber so lange ich noch dablieb, es ereignete sich nichts Vergleichbares mehr.

Fazit: Gerade wenn Sie anfangen zu glauben, dass Sie wissen, was bei anderen Leuten im Kopf vorgeht, erleben Sie eine weitere Überraschung!

## Südkorea-Thailand: asiatische Spiele

Vor etwa zehn Jahren bat mich eine große koreanische Ingenieur- und Baufirma nach Seoul/Südkorea zu einem Angebotsklärungsgespräch und eventueller Auftragsvergabe zu kommen. Die Firma hatte einen Großauftrag von einem thailändischen Konzern, der Rohölimportanlagen aus unserem Angebot benötigte. Das Treffen war nur für einen Tag angesetzt, aber Koreaner sind zähe Verhandlungspartner. Am dritten Tag endlich kamen wir zu einer Übereinkunft und uns wurde der Auftrag zugesprochen, allerdings zu einem Preis, den wir fast nicht mehr akzeptieren konnten.

Am nächsten Tag reisten wir nach Bangkok/Thailand für weitere Kundenbesuche. Aus Höflichkeit besuchten wir auch den zentralen Einkauf des Konzerns, für den die Koreaner unsere Anlagen gekauft hatten. Gerade in dem Moment kam der Firmeninhaber in die Einkaufsabteilung. Wir kannten ihn von früheren Besuchen und Aufträgen und er fragte uns, warum wir hier wären. Wir erzählten ihm, dass wir gerade aus Korea kämen, wo wir einen Auftrag zu weiteren Anlagen für seine Firma erhalten hätten. Er runzelte die Stirn. »Das ist nicht möglich«, sagte er, »die Koreaner haben von uns keinen Auftrag, diese Anlagen zu bestellen. Wir werden diese direkt einkaufen. Und sowieso benötigen wir nicht nur Anlagen für den Ölimport, sondern auch für viele weitere Produkte wie Asphalt, Benzin, Schmieröl usw. Wenn Sie Zeit haben«, fuhr er fort, »werde ich genau herausfinden, was wir brauchen.« Wir bejahten dies, wir stünden zu seiner Verfügung, so lange er uns bräuchte.

Er nahm uns mit in einen Videokonferenzraum und arrangierte eine Konferenz mit seinen Anlagenmanagern seines Werkes in Rayong, einem Ort zirka 250 Kilometer südlich von Bangkok. Auf einem großen Bildschirm konnte man sehen, wie seine Manager etwas nervös in den Raum kamen zu dieser ungeplanten Konferenz. Nachdem alle da waren und ihm vorgetragen hatten, was sie benötigten, stellte sich heraus, dass sie anstelle der vier Anlagen, die die Koreaner bestellt hatten, insgesamt 24 Anlagen benötigten. Die Spezifikationen dafür wurden per Fax nach Bangkok geschickt.

Mit einem Augenzwinkern meinte er, bevor wir im Nachtleben von Bangkok untertauchten, wäre es besser, ein Angebot für das gesamte Paket auszuarbeiten. Wir arbeiteten die ganze Nacht im Business Center des Hotels ein neues Angebot aus, das wir am nächsten Morgen einreichten. Nachmittags gab es eine zweite Videokonferenz, in der der technische Teil des Angebotes besprochen wurde. Die Preise blieben in einem versiegelten Umschlag in Bangkok.

Zu unserer Überraschung änderten einige Manager ihre Spezifikationen wieder und bemängelten, dass unser Angebot ihren Anforderungen nicht entspräche. Jetzt war der »große Boss« aber richtig verärgert. »Gebt jetzt eure endgültigen Spezifikationen ab. Morgen werden wir die endgültigen Angebote besprechen und den Auftrag vergeben.«

Eine weitere Nacht im Business Center stand uns bevor. Wir ahnten, dass in Rayong nicht mit offenen Karten gespielt wurde. Anscheinend hatten einige der Manager vor Ort bereits Abmachungen mit unserer Konkurrenz gemacht, ohne die Zentrale in Bangkok zu berücksichtigen.

*Site Inspection in Siracha, Thailand 1990*

Am nächsten Tag kamen wir zurück, und nachdem geklärt war, dass unser Angebot nunmehr technisch allen Anforderungen genügte, begannen wir mit den kaufmännischen Verhandlungen. Schließlich nannte uns der Firmeninhaber einen Preis, zu dem er den Auftrag an uns vergeben würde. »Ihr habt eine halbe Stunde euch zu entscheiden«, sagte er. »Wenn ihr nicht einverstanden seid, so werden wir den Auftrag an euren Wettbewerber geben, der schon im Nebenzimmer wartet.« Bluffte er?

Als er zurückkam, teilten wir ihm mit, wir würden den Preis für den Lieferanteil akzeptieren, aber bei einem derart großen Projekt würden häufige Reisen nach Thailand zur Koordination anfallen. Das würde leicht in die Größenordnung von 100000 US-Dollar fallen und müsste zum Preis addiert werden. Er zögerte einen Moment und entschied: »Der Auftragspreis bleibt. Ihr bekommt einen zweiten Auftrag über 100000 US-Dollar für eure Reisekosten.« Wir schüttelten die Hände und hatten den Auftrag.

Nach ein paar weiteren Minuten mit höflichem Smalltalk verließen wir das Büro und gingen zum Fahrstuhl.

Just in dem Moment kam eine andere Gruppe Ausländer am Fahrstuhl an – augenscheinlich unsere Wettbewerber. Die sahen nicht besonders gut aus: Hochrote Köpfe und die Hemdzipfel hingen aus der Hose. Man hatte ihnen gerade gesagt, sie wären die zweiten Gewinner!

Diesen Abend konnten wir uns endlich im Bangkoker Nachtleben an einigen kühlen Bieren laben, bevor wir nach Deutschland zurückkehrten.

Fazit: Ohne Glück läuft nichts. Zur richtigen Zeit am richtigen Ort zu sein und die maßgeblichen Leute zu treffen, ist nicht einfach. Aber dazu muss man auch bereit sein, auch außerhalb der normalen Bürostunden sein Bestes zu geben.

# Kuwait

## Ein Land mit besonderen Erinnerungen

Kuwait habe ich weit über ein Dutzend Mal im Laufe der Zeit besucht und immer wieder neue Erfahrungen gesammelt. Der kleine Stadtstaat mit nur 18 000 Quadratkilometern wurde erst 1961 unabhängig. Vorher war es ein britisches Protektorat und Teil der Provinz Basra des heutigen Irak. Der Reichtum von Kuwait ist in seinen Ölvorkommen begründet. 75 Prozent der Erwerbstätigen sind Ausländer. Die Gesamtbevölkerung liegt bei 2,1 Millionen.

## Typisch Kuwait

Ich kannte natürlich die Einreiseformalitäten und kam entsprechend »clean« an. Ich hatte weder Alkohol im Gepäck noch Rasierwasser oder Hustensaft, da alle Flaschen geöffnet und bei Verdacht auf Alkoholgehalt konfisziert wurden. Der Flughafen ist nur zirka 20 Kilometer von Kuwait City entfernt und durch eine schnurgerade Autobahn quer durch die Wüste mit der Stadt verbunden. Auf beide Straßenseiten hatte man beim Bau der Straße den weggeräumten Sand und Steine zu Böschungen angehäuft, die fünf bis zehn Meter hoch waren. Dadurch sah man von der Umgebung überhaupt nichts.

Auf dieser Reise war alles anders. Die Böschungen auf beiden Seiten vom Flughafen bis zur Stadt waren mit Gras begrünt. Man hätte meinen können, dass man durch eine riesige Oase fährt. Ich sprach den Taxifahrer, einen Gastarbeiter aus Jordanien, darauf an. Der erzählte mir voll Verbitterung von seinem kargen Lohn und den schlechten Arbeitsbedingungen bei seiner kuwaitischen Firma. Die Begrünung erklärte sich aus Folgendem. Gerade in dieser Woche fand in Kuwait der Islamische Weltkongress mit Gästen aus allen islamischen Ländern der Welt statt. Man wollte diese Gäste beeindrucken und hatte an eine österreichische Spezialfirma den Auftrag erteilt, die gesamten Böschungen mit einem Gel zu besprühen, das Grassamen und Wasser enthielt. Die Firma musste die Garantie geben, dass die Begrünung für eine Woche halten würde. Zu dieser Zeit lagen die Tagestemperaturen bei rund 40 Grad Celsius. Die Kosten dafür lagen im zweistelligen Millionenbereich (US-Dollar), aber das war offensichtlich für Kuwait kein Problem.

## Ankunft in Kuwait aus Indien

Ich hatte Kuwait bisher immer aus Europa kommend angesteuert. Daher dachte ich, dass ich vor Überraschungen bei der Ankunft gefeit wäre. Dem war jedoch nicht so. Auf einer wichtigen Geschäftsreise nach Bombay/Indien beschloss ich, auf dem Rückweg Kuwait zu besuchen. Ich flog mit Air India und die meisten Passagiere waren Inder, die als Gastarbeiter in Kuwait ihr Glück versuchten. Bei der Ankunft in Kuwait erkannte ich den Flughafen nicht. Die Maschine wurde zu einem speziellen Terminal umgeleitet. Die Passkontrolle dauerte eine kleine Ewigkeit, da viele Passagiere ihre Einreisedokumente unvollständig oder falsch ausgefüllt hatten. Inder reihen sich nur ungern in Schlangen ein und immer wieder versuchen sie, sich nach vorne zu mogeln. Dies wurde hier durch die Zollbeamten verhindert. Diese waren sudanesischer Abstammung und alle zirka zwei Meter

an Statur. Jeder, der aus der Schlange ausbrach, wurde mit Schlagstöcken schnell und wortlos zurückgeknüppelt. Danach ging es zu den Gepäckbändern und der Gepäckkontrolle. Hier ging es noch unruhiger zu.

Die Ankömmlinge mussten jedes Gepäckstück auf einen zirka 50 Zentimeter breiten und 150 Zentimeter langen Edelstahltisch hieven, dort den Inhalt Stück für Stück herausnehmen und auf dem Tisch deponieren. Danach kippten die Zöllner die leeren Koffer mit ihren Schlagstöcken, sodass diese auf den Boden fielen. Dies geschah aus reiner Schikane.

Als ich das sah, wurde ich sehr nervös. Ich wollte mir dies nicht antun lassen. Gleichzeitig wusste ich jedoch nicht, wie ich es verhindern konnte. Zum Glück stellte sich dieses Problem nicht. Ich war der einzige Europäer in der Schlange und der Beamte kontrollierte mein Gepäck nur stichprobenweise.

Ich hatte bereits bei früheren Besuchen gesehen, wie schlecht Gastarbeiter in Kuwait behandelt werden. In diesem Fall wurden Koreaner grundlos vom Werkschutz einer staatlichen Ölgesellschaft mit Gewehrkolben geschlagen.

Fazit: Aus meiner Sicht gehören die Kuwaitis und ihre Beamten zu den arrogantesten der Welt.

## Beach Club

Jahrelang war ich in Kuwait immer in demselben Hotel untergebracht, dem Hotel Meridien in der Stadtmitte. Dieses Hotel hat im Obergeschoss einen Pool. Falls das Wetter es erlaubt (wenn es nicht zu heiß ist), kann die Decke geöffnet werden, sodass der Pool zum Outdoorpool wird.

Auf einer Reise mit einem Kollegen war dieses Hotel ausgebucht, sodass wir auf ein nahegelegenes Hotel ausweichen mussten. Dieses hatte zwar keinen Pool, dafür aber ein Shuttle Bus zum Kuwait Beach Club. Es war August, eine extrem heiße Jahreszeit in Kuwait, mit Temperaturen bis zu 55 Grad Celsius im Schatten.

Nach erledigter Arbeit bestand mein Kollege darauf, sich im Beach Club zu erfrischen, und zum Erstaunen des Hotelpersonals buchten wir den dafür vorgesehenen klimatisierten Shuttle-Bus. Der Fahrer sollte uns nach zwei Stunden wieder abholen. Im Club angekommen gingen wir sofort in die Umkleidekabinen. Mein Kollege war schneller. Gerade als ich ins Freie trat, sah ich ihn mit einem eleganten Kopfsprung in den Swimmingpool springen. Er war der einzige Schwimmer im Becken. Als er wieder auftauchte, hörte ich ihn stöhnen und blitzschnell wieder aus dem Pool klettern. Die Wassertemperatur lag über 50 Grad Celsius und er lief schon dunkelrot an. Zum Glück war das Meer direkt daneben. Wir sprangen beide ins Meer. Die Temperatur hatte hier sicher auch weit über 30 Grad Celsius – für meinen Kollegen jedoch eine tolle Abkühlung. Hier badeten tatsächlich auch einige Araber, allerdings nicht in Badehose, sondern im vollen Burnus mit Kapuze.

Auch das war in klassischer Fall von »When in Rome do like the Romans do«. Man sollte doch immer erst darauf achten, wie sich die Einheimischen verhalten.

## Nahe dran – just in time

Eine Eigenart der Kuwaitis ist der Hang zu übertriebener Bürokratie. Nirgendwo wird mehr Papier verwaltet als in Kuwait. Wenn man hier an einer öffentlichen Ausschreibung teilnimmt, gilt immer die gleiche Prozedur. Man erhält die Ausschreibungsunterlagen und eine Einladung zu einem sogenannten Pre-Tender-Meeting. Bei diesem Meeting vor Ort in Kuwait erhalten alle Anbieter die Gelegenheit, sich zusammen mit dem potenziellen Kunden an einen Tisch zu setzen und Fragen zur Ausschreibung zu stellen. Weiterhin wird eine Baustellenbegehung durchgeführt und danach geht der Kunde davon aus, dass die abgegebenen Angebote alle Anforderungen berücksichtigen.

Dieses Mal ging es um eine Erneuerung der Verladeterminals im Ölhafen Al Shuaybah. Das Meeting sollte am 31. Juli 1990 sowie eine Baustellenbegehung am 1. August stattfinden. Wir kamen pünktlich am 30. Juli in Kuwait an, dort wurde uns abends mitgeteilt, dass sich die Termine um einen Tag verschöben.

Aufgrund der unerträglichen Hitze blieben wir am 31. Juli den ganzen Tag im Hotel. Spätabends gingen wir noch zum Einkaufen in die Stadt und mein Partner erstand eine preisgünstige Videokamera, die er mit Kreditkarte bezahlte.

Früh morgens am 1. August fand dann im klimatisierten Büro das Meeting statt, das bis zirka 14.00 Uhr dauerte. Danach entschieden sich alle Teilnehmer, nachmittags noch die Baustelle zu besichtigen, sodass wir am 2. August wie geplant zurückfliegen konnten.

Es war äußerst schwierig, den Kunden dazu zu überreden, da niemand bei 55 Grad Celsius rund zwei Stunden im Freien verbringen wollte. Wir wurden in einem klimatisierten Bus zum Sicherheitstor der Verladebrücke gefahren. Wir hatten einen Fußmarsch von zirka zwei Kilometern vor uns, ohne jeglichen Schatten. Nach ein paar Minuten begann der Körper mit extremem Schwitzen zu reagieren. Ich sah meinen Partner an und bemerkte, dass der Schweiß kontinuierlich von seinen beiden Hemdsärmeln, aber auch vom Hosensaum tropfte, genauso wie bei mir. Ich schätze, dass ich in diesen zwei Stunden fünf Liter Wasser verlor.

Als wir ins Hotel zurückkamen, trafen wir einen amerikanischen Wettbewerber, der erst jetzt angekommen war. Er amüsierte sich köstlich über unser derangiertes Aussehen und sagte uns, wir hätten sowieso unsere Zeit verschwendet. Aufgrund seiner besonderen Kontakte zum Kunden wäre er sich sicher, den Auftrag zu erhalten, und sein Meeting am nächsten Tag wäre reine Formsache.

Wir waren froh, dass wir am nächsten Abend den Rückflug nach Deutschland antreten konnten. Vor unserem Start sahen wir noch eine British-Airways-Maschine aus London landen. An der Flughafenbank wollte ich noch meine restlichen kuwaitischen Dinar in D-Mark wechseln. Als ich mich in der Schlange bis zum Schalter vorgearbeitet hatte, drängten sich drei kuwaitische Jugendliche in ihren weißen Kutten vor mich. Ich protestierte und forderte den Bankangestellten auf, mich zuerst zu bedienen. Das war jedoch ein Inder oder Pakistani und er hatte Angst, mit den Kuwaitis Schwierigkeiten zu bekommen. Die Jugendlichen hatten den Vortritt.

Bei unserer Ankunft in Frankfurt hörten wir, dass just in dieser Nacht der Irak in Kuwait eingefallen war. Später lasen wir, dass die britische Maschine nicht mehr aus Kuwait herauskam. Unser amerikanischer Freund wurde auch für mehrere Monate in Kuwait festgehalten. Mein Partner erhielt nie eine Rechnung von seiner Kreditkartengesellschaft.

Fazit: Des einen Leid, des andern Freud.

## Minenfelder

Kurz nachdem Kuwait durch die Alliierten wieder von den Irakern befreit worden war, bat mich meine Firma, dorthin zu reisen. Zu diesem Zeitpunkt waren nur ein oder zwei Hotels wieder für Ausländer geöffnet. In Kuwait City fiel mir auf, dass keinerlei Kriegsschäden zu sehen waren.

Hatte der Krieg vielleicht nur im Fernsehen stattgefunden? Die internationalen Hotels in der Stadt waren zwar noch geschlossen, aber Grund waren nicht Kriegsschäden, sondern einfach Renovierungsarbeiten.

Meine Firma hatte noch vor dem Einmarsch der Iraker Investitionsgüter nach Kuwait geliefert, die nach Ausbruch des Krieges nicht mehr bezahlt wurden und auch angeblich nicht mehr aufzufinden waren. Angeblich hatten die Iraker alles, was nicht niet- und nagelfest war, »mitgehen lassen«. Ich sollte nun die Kisten und Container unserer Lieferung in den Lagerhäusern unseres Kunden finden. Falls ich Erfolg hatte, stand eine Bezahlung noch aus.

Nach einigen Tagen hatte ich mich in dem Staatsbetrieb zu den zuständigen Personen durchgefragt. Man gab mir einen Jeep und Fahrer und somit konnte die Suche beginnen. Die Lager waren riesig und bestanden aus Hallen, aber auch mehreren Quadratkilometern Freilager. Ich bemerkte, dass die Dächer der Lagerhallen von Luftangriffen leicht beschädigt waren.

Die Suche gestaltete sich äußerst schwierig, wie die sprichwörtliche Suche nach der Nadel im Heuhaufen. Der Fahrer fuhr die Gänge und Straßen in den Lagern entlang und ich sollte links und rechts Ausschau halten nach unserer Lieferung. Nach etwa fünf Stunden Suche bat ich den Fahrer zu halten. Ich hatte einige Holzverschläge in einiger Entfernung bemerkt, die eventuell die gesuchten sein könnten. Ich stieg aus und ging quer übers Gelände auf die Behälter zu. Nach etwa 15 Metern rief mich der Fahrer und meinte: »An Ihrer Stelle würde ich nicht über dieses Gelände laufen. Bis jetzt sind nur die Hauptwege von Minen geräumt worden.« Ich erstarrte in meiner Position. Warum hatte er mir das nicht vor dem Aussteigen gesagt? Vorsichtig versuchte ich genau in meiner Spur zum Wagen zurückzugehen und kam schweißgebadet am Jeep wieder an. Dies war definitiv das Ende meiner Suche.

## Airport Security

Man hatte uns wieder mal zu einem Pre-Tender-Meeting für ein Projekt im Ölhafen Mina Al Ahmadi eingeladen. Wir hatten die Ausschreibung bestehend aus neun dicken A4-Ordnern über einen Kurierservice erhalten und diese detailliert studiert. Zum Meeting in Kuwait mussten wir nun diese ganzen Unterlagen wieder mitschleppen. Ich reiste zusammen mit meinem Geschäftsführer nach Kuwait.

Nach dem Meeting fuhren wir gemeinsam zum Flughafen. Ich wollte noch nach Fernost (Thailand, Korea und Japan) weiterfliegen. Mein Partner sollte allein nach Deutschland zurückfliegen und hatte daher auch alle Ausschreibungsunterlagen in seinem Gepäck. Wir verabschiedeten uns am Check-in-Schalter. Da mein Flug etwas später ging, beschloss ich in der Airport-Cafeteria noch einen Kaffee zu trinken. Die Cafeteria befand sich auf einer Empore, von der man einen Überblick über das gesamte Terminal hatte.

Ich schaute nach unten und sah zu meiner Überraschung, dass zwei riesige Polizisten meinen Geschäftsführer, mit den Armen auf den Rücken gedreht, im Laufschritt abführten. Sie verschwanden in einem der Öffentlichkeit nicht zugänglichen Teil des Flughafens. Was war geschehen? Nach meiner Rückkehr zwei Wochen später erfuhr ich Folgendes:

Man hatte das Gepäck meines Kollegen untersucht und in den Ausschreibungsunterlagen eine Karte des Al-Ahmadi-Ölhafens gefunden. Die Beamten betrachteten diese Karte als ein Geheimdokument und meinen Kollegen als Spion. Trotz all seiner Beteuerungen dauerte es über vier Stunden, bis er frei kam. Zu seiner Überraschung hatte man während dieser ganzen Zeit die Lufthansa Maschine aufgehalten, sodass er noch mit seinem geplanten Flug nach Frankfurt kam.

Meine Maschine dagegen rollte vom Gate weg zur Startbahn. Dann drehte sie um und rollte zum Gate zurück. Über Intercom gab der Pilot die Nachricht, dass sich versehentlich noch Mitglieder einer kuwaitischen Familie an Bord befänden, die lediglich ihre Verwandtschaft verabschieden wollten. Wie kamen diese Leute trotz aller Sicherheitsvorkehrungen und ohne Boarding Pass ins Flugzeug?

## Kuwait nach der Befreiung im Februar 1991

Als die Iraker im August 1990 in Kuwait einmarschierten, waren fast alle wohlhabenden Kuwaitis mit ihren Familien für den Sommerurlaub im Ausland. Bei einer Temperatur von über 50 Grad Celsius bleiben nur die in Kuwait, die unbedingt müssen. Viele haben Zweitwohnsitze im westlichen Ausland wie der Schweiz, England und Spanien, um dem extrem heißen Sommer in Kuwait zu entkommen.

Nach der Besetzung Kuwaits blieben diese einfach bis zur Befreiung im Ausland. In vielen Großstädten wurden ganze Stockwerke der Nobelhotels angemietet, wie zum Beispiel in Kairo oder London bis zum Zeitpunkt der voraussichtlichen Befreiung. Die Befreiung selbst führten die Amerikaner und ihre Verbündeten durch, ohne wesentliche Beteiligung der Kuwaitis.

Laut amerikanischen Quellen betrug der gesamte Infrastrukturschaden in Kuwait fünf Milliarden US-Dollar. Zum Vergleich: Die Transferleistungen von West- nach Ostdeutschland betragen 70 Milliarden US-Dollar pro Jahr.

Fazit: Besonders die jungen Kuwaitis haben nach der Invasion und anschließenden schnellen Befreiung nichts dazugelernt. Es scheint, dass sie nicht, wie nach dieser Erfahrung erwartet, bescheidener, sondern noch arroganter geworden sind. Wer auf dem Öl sitzt, kann sich dies erlauben.

# Malaysia

## Kuala Lumpur – Essvergnügen im Freien

Vor einigen Jahren, 1998, als die Petronas-Zwillingstürme eröffnet wurden, hatte ich ein Meeting in Kuala Lumpur (KL) für ein Projekt für Port Klang – den Haupthafen von KL. Am Morgen bekam ich die Gelegenheit, die Zwillingstürme zu besuchen, was eine wirklich interessante Erfahrung war. Diese Türme mit einer Höhe von 452 Metern waren bis 2004 die höchsten Gebäude der Welt. Heute trägt der Wolkenkratzer Taipei 101 diesen Titel.

Am späten Nachmittag traf mich mein Vertreter in meinem Hotel im Stadtzentrum und fragte mich nach meiner Präferenz für das Abendessen. Es war Winter in Europa, aber in KL waren angenehme 28 Grad Celsius. Deshalb antwortete ich ihm, ich würde gerne irgendwo draußen sitzen, aber nicht unbedingt im Stadtzentrum von KL. »Dann weiß ich genau, wo wir hinfahren«, sagte er und wir setzten uns in sein Auto. Die Route kam mir bekannt vor, obwohl ich KL gar nicht so gut kannte. Nach zirka 45 Minuten kamen wir am Flughafen vorbei.

Ein paar Minuten später waren wir am Ziel. Es gab einige große Restaurants im Freien auf der rechten Straßenseite, die hauptsächlich chinesische und malaiische Küche hatten. Wir ließen uns an einem Tisch in der Nähe der Straße nieder und ich guckte mich um. Auf der anderen Straßenseite war der Begrenzungszaun des Flughafens. Nur wenige Meter von uns wendeten die Flugzeuge, um in die Gegenrichtung zu starten.

Wir hatten gerade unsere ersten Flaschen Bier erhalten sowie Plastikbecher, als eine 747 vor uns drehte. Es war beeindruckend die Maschine in nur etwa 25 Meter Entfernung zu sehen. Man konnte jede einzelne Niete in den Tragflächen zählen. Die Maschine hielt an und wartete auf die Startfreigabe. Kurz danach wurden die Triebwerke auf volle Leistung hochgefahren mit ohrenbetäubendem Lärm.

Es ist schwer zu sagen, wie viele Dezibel Lärm wir ertragen mussten, aber unser Tisch begann zu wackeln und die Plastikbecher flogen durch die Gegend. Gott sei Dank hatten wir noch kein Essen auf unseren Tellern. Ich sah mich um und sah, wie unsere Nachbarn verzweifelt ihr Besteck, ihre Tassen und Teller hielten, dennoch schien es ihnen Spaß zu machen.

Während unseres Abendessens hat sich dieses Szenario sicherlich ein Dutzend Mal wiederholt. Ich fragte meinen Agenten, warum er mich ausgerechnet an diesen Ort gebracht hatte – aber er schien meine Frage nicht zu verstehen. Offensichtlich waren diese Restaurants unter den Einheimischen sehr beliebt und sie hielten es für sehr unterhaltsam, den Flughafenbetrieb hautnah zu erleben. Da die Restaurants voll waren, musste ich ihm wohl glauben, aber Verständnis dafür konnte ich nicht aufbringen.

Fazit: In fremden Ländern muss man auch auf fremde Bräuche vorbereitet sein.

# Oman

## Auf der Suche nach dem Schildkrötenstrand

**2002** wurden wir zu einem internationalen Workshop über Sicherheit in Liquefied-Natural-Gas-(LNG-)Verladeterminals nach Sur in Oman eingeladen. Sur liegt zirka 150 Kilometer von Muskat, der Hauptstadt von Oman, entfernt. Obwohl es eine relativ neue Autobahn zwischen den beiden Städten gab, ließen es die Sicherheitsvorschriften dieser internationalen Öl- und Gasgesellschaft nicht zu, nach 16.00 Uhr zu fahren, da man Fahrten bei Nacht für gefährlich hielt. Dies bedeutete, dass wir eine Nacht in Muskat verbringen mussten, bevor wir am nächsten Tag nach Sur aufbrechen konnten.

Nach einigen Tagen Arbeit in den Büros der LNG-Anlage wurde uns als Highlight der Reise ein Abend am Schildkrötenstrand angeboten. Während dieser Jahreszeit kamen die Schildkröten nach Einbruch der Dunkelheit an den Strand zur Eiablage – anscheinend eine Attraktion für Besucher dieser Gegend. Der Strand befand sich quer durch die Wüste zirka 50 Kilometer von unserem Hotel entfernt. Während ich mich noch wunderte, wie dies sich mit der Sicherheitsphilosophie unserer Gastgeber vereinbaren ließ, hielten schon zwei Minibusse für jeweils zehn Personen vor dem Hotel mit arabischen Fahrern, die uns baten, einzusteigen. Unser Bus war auch mit den Vorräten für das Picknick beladen.

*In search of turtle beach*

Wir fuhren im Konvoi durch die kleine Stadt von Sur, aber als wir in die Wüste hineinfuhren, überholte unser Fahrer den anderen Bus und fuhr mit halsbrecherischer Geschwindigkeit auf der Wüstenpiste. Als wir ihn baten, langsamer zu fahren, merkten wir, dass er nur arabisch verstand, und wir hatten keinen weiteren arabisch

Sprechenden an Bord. In der Zwischenzeit hatten wir den anderen Bus aus den Augen verloren. Nach weiteren 15 Minuten versuchte unser Fahrer über Funk, den anderen Bus zu erreichen, aber wir waren schon ohne Netz. Langsam dämmerte uns, dass sich unser Fahrer verfahren und keine Ahnung hatte, wo wir uns befanden. Wir drängten ihn, umzudrehen und zum Hotel zurückzufahren, aber er wollte nicht verstehen. Nach einer weiteren Stunde Zickzackfahrt in kompletter Dunkelheit durch die Wüste kamen wir an einem Zeltlager an, wo Nomaden für die Nacht ihre Zelte aufgestellt hatten. Unser Fahrer fragte nach dem Weg und endlich drehten wir um. Etwa eine Stunde später erreichten wir unser Hotel und der andere Bus, der nach uns gesucht hatte, kam nach einer weiteren halben Stunde.

Nach einem Mitternachtssnack im Hotel und ein paar Drinks waren wir froh, wieder unbeschadet in unseren Betten zu liegen. Wir hatten allerdings alle Rückenschmerzen von der rauen Fahrt, ohne jemals den Schildkrötenstrand gesehen zu haben. Vielleicht war es so ja auch besser für die Schildkröten. Wieder mal war ich ein paar Jahre gealtert.

Fazit: Selbst »die großen Jungs« wissen nicht immer, was sie tun. Fragen Sie ruhig erst nach, bevor Sie sich auf eine unüberlegte, gefährliche Sache einlassen.

# Thailand

## Das erste Dinner in Bangkok

In den ersten Jahren wohnte ich im Siam Intercontinental Hotel in Bangkok. Unser Geschäftspartner bekam eine spezielle Corporate Rate in diesem Spitzenhotel und wir wollten uns natürlich die wesentlich günstigere Rate nicht entgehen lassen. Das erste Mal kam ich dort Samstagnachmittag an und sollte unseren thailändischen Geschäftspartner Sonntagabend zum Dinner treffen. Dies gab mir die Gelegenheit, mich zu akklimatisieren und das Hotel mit seiner Umgebung kennenzulernen.

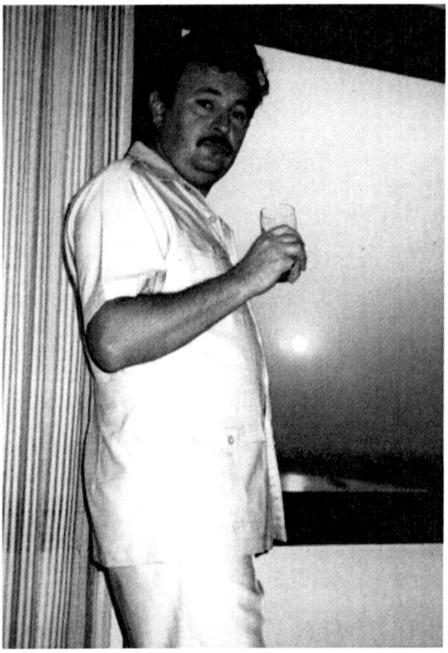

Ich bemerkte direkt nebenan ein Schneidergeschäft und bewunderte die Thai-Geschäftsanzüge aus Seide in Beige in den Schaufenstern. Eine Verkäuferin bat mich, einzutreten, was ich gerne tat, da die Hitze draußen unerträglich war. Die Anzüge waren günstig und ich entschloss mich, einen für das Dinner am nächsten Abend anfertigen zu lassen. Tatsächlich wurde der Anzug am nächsten Nachmittag geliefert und saß wie angegossen. Es gab mir ein gutes Gefühl, die Einheimischen in ihrer eigenen Tracht treffen zu können. Ich nahm noch einen »Sun Downer« zu mir, bevor ich diese in der Hotellobby traf.

Zu meiner Überraschung trugen sie konventionelle westliche Kleidung, helle Hosen und Hemden mit kurzen Ärmeln. Wir fuhren mit ihrem Wagen zu dem für das Dinner ausgewählten Restaurant. Es war nicht weit entfernt und nannte sich Bavaria Bier Haus, ein typisch bayerisches Lokal. Das gesamte Personal war in bayerischer Tracht, genau wie auf dem Oktoberfest gekleidet. Die Besucher trugen alle westliche Kleidung, egal ob es Thailänder oder Ausländer waren, mit einer Ausnahme. Alle sahen mich mit einem erstaunten Grinsen an, da ich in meinem Thai-Anzug fehl am Platze schien. Ich kam mir wie ein Idiot vor.

Fazit: Generell gilt zwar das Motto »In Rom soll man sich wie ein Römer benehmen«. Man sollte jedoch sich erst vergewissern, worin die örtlichen Bräuche wirklich bestehen.

## Wie man einen Kunden »umdreht«

Wieder einmal hatte ich eine Reservierung im Siam Intercontinental Hotel in Bangkok. Nach einem Nachtflug aus Kuwait kam ich zur Mittagszeit in der flimmernden Hitze von Bangkok an und freute mich schon auf eine kühle Dusche.

Ich hatte ein Treffen mit einem italienischen Berater arrangiert, der mich über den Stand der Verhandlungen des Kunden mit unserem Wettbewerber unterrichten sollte. So hoffte ich, im Meeting am nächsten Tag einen größeren Auftrag zu erhalten.

Als ich einchecken wollte, sagte man mir an der Rezeption, dass keine Reservierung vorläge und das Hotel ausgebucht wäre. Ich verlangte, sofort den Manager zu sehen. Der entschuldigte sich und transferierte mich zum Hotel Dusit Thani, zu dem Zeitpunkt dem besten Hotel der Stadt.

Da ich zum ersten Mal dort eincheckte, dauerte dies etwas länger, besonders da ich spezielle Wünsche äußerte wie ein Trimmrad und ein Fax-Gerät auf meinem Zimmer. Nach einer Dusche und einem kurzen Nickerchen rief ich meinen Kontaktmann an. Zu meiner Überraschung sagte er mir, es wäre zu spät. Am Tag zuvor hatte unser Wettbewerber den Auftrag zugesprochen bekommen, entgegen seines Rates. Angeblich war deren technische Präsentation und auch der Preis so attraktiv für den Kunden, dass man sich entschloss, den Auftrag sofort zu vergeben. Ich verbarg meine Enttäuschung, so gut ich konnte, und bat ihn, sich trotzdem mit mir zum Abendessen zu treffen. Widerwillig sagte er zu, aber nur unter der Bedingung, dass wir nicht über das Geschäft sprechen würden. Ich bestätigte dies.

Wir fuhren zum besten Steakhouse in Bangkok, spezialisiert auf japanisches Kobe Beef, und nach zwei Flaschen von extrem teurem französischen Rotwein brachte er selbst das Gespräch auf den Vortag. Er nannte mir die Namen der Entscheidungsträger und schlug vor, ich solle unangemeldet am nächsten Morgen der Ingenieurfirma einen Besuch abstatten, die den Auftrag vergeben hatte.

Der Direktor des Projektes war ein Amerikaner, der mir nur zögernd 30 Minuten gab, um meine Position zu erklären. Der Lieferumfang war für drei verschiedene Verladebrücken für Rohöl-, Diesel- und Flüssiggas-Import/-Export. Auf den Brücken für Diesel und Flüssiggas standen bereits Geräte von uns und es gelang mir, den Projektdirektor zu verunsichern, ob der Wettbewerber tatsächlich seine Geräte erfolgreich mit unserer bestehenden Steuerung verknüpfen könnte.

Zwischendurch war es Mittag geworden und es gelang mir, ihn zum Essen in ein nahe gelegenes Restaurant einzuladen. Nach einigen Drinks taute er noch mehr auf und verriet mir den Preis, zu dem er am Vortag den Auftrag platziert hatte. Ich erkannte, dass auf den zwei Brücken, auf denen wir bereits unsere Geräte hatten, ich ihm noch einen besseren Preis machen könnte und wir immer noch einen lukrativen Gewinn machen würden.

Ich schlug vor, er solle doch den Auftrag teilen und gab ihm den Preis für die Diesel- und Flüssiggas-Geräte. Er willigte sofort ein, wir schüttelten die Hände und dieser Teil des Auftrags gehörte nun mir. Ich bat mein Büro, dies schriftlich zu bestätigen, und am nächsten Morgen konnte ich den revidierten Auftrag unterzeichnen. Ich sagte ihm, wir würden nun ein separates Angebot mit einem noch attraktiveren Preis für die Rohöl-Geräte erstellen. Er versprach, uns auch dafür eine reelle Chance zu geben.

*Hotel Dusit Thani*

Am Abend musste ich zurück nach Kuwait für ein neues Projekt. Ich war derart in Eile, dass ich nicht genau überprüfte, ob ich im Hotel alles eingepackt hatte. Tatsächlich vergaß ich eine komplette Schublade, die meine frische Wäsche einschließlich gebügelter Hemden aus der Hotelwäscherei enthielt.

Als ich in Kuwait im Hotel ankam, lag ein Fax von meiner deutschen Firma vor. Sie baten mich, schnellstmöglich nach Bangkok zurückzufliegen, da der Kunde unser neues Angebot interessant fand und verhandeln wollte. Ich unterrichtete das Dusit Thani über meine erneute Anreise und bat sie, dieses Mal das Einchecken zu verkürzen, sowie um eine Hotel-Limousine, die mich am Flughafen abholen sollte. Ich bat auch, wenn möglich, um das gleiche Zimmer.

Nach einem weiteren Nachtflug kam ich am Flughafen Bangkok an. Ein Fahrer des Hotels in Livree erwartete mich und brachte mich über die Stadtautobahn zum Hotel. Ich bemerkte entlang der gesamten Strecke vom Flughafen bis zum Hotel etwa alle 100 Meter deutsche Flaggen. Bei der Ankunft im Hotel öffnete der Empfangschef die Autotür und begrüßte mich mit »Willkommen zurück, Herr Ziegler. Lassen Sie mich Sie direkt zu Ihrem Zimmer begleiten. Alle Empfangsformalitäten sind schon erledigt.« Ich betrat mein Zimmer. Alles war, wie ich es gewünscht hatte. Selbst meine Wäsche lag bereits auf dem Sideboard. »Ist alles zu Ihrer Zufriedenheit?«, fragte er. »Perfekt«, antwortete ich. »Nur eine Sache möchte ich Sie fragen. Haben Sie nicht ein wenig übertrieben, die gesamte Strecke vom Flughafen bis zum Hotel für mich zu beflaggen?« »Es tut mir leid, Ihnen das sagen zu müssen, Sir, die Beflaggung war nicht für Sie bestimmt. Zufällig ist Ihr Kanzler Dr. Kohl heute Morgen hier angekommen und auch in unserem Hotel untergebracht. Die Flaggen waren für ihn.« Das brachte mich wieder auf den Teppich.

Am nächsten Tag verhandelten wir weiter über den zweiten Teil des Lieferumfangs. Technisch war unser Angebot erste Klasse, aber der Preis reichte nicht. In der Zwischenzeit hatte unser Wettbewerber Wind von den erneuten Verhandlungen bekommen und den Preis unter unsere Herstellungskosten reduziert. Das Spiel wollte ich nicht mitmachen und weigerte mich, einen weiteren Nachlass zu geben. Später stellte sich heraus, dass, während unser Auftrag sehr profitabel war, unser Wettbewerber bei seinem Auftrag über 185000 US-Dollar verloren hatte.

Ein paar Jahre später verließ ich meine Firma und wechselte zu unserem damaligen Wettbewerber. Der Firmeneigner nahm gerne ein oder zwei Drinks, und jedes Mal bei diesen Anlässen beschwerte er sich bei mir, ich hätte ihn 185000 US-Dollar gekostet. Es war nicht einfach, dabei ein ernstes Gesicht zu bewahren.

Fazit: Es ist nicht vorbei – bevor es vorbei ist.

## Große Bananen

Ein großes Handicap auf internationalen Geschäftsreisen ist oft der Mangel an lokalen Sprachkenntnissen. Zwar sprechen in Thailand wie in den meisten Ländern fast alle Geschäftspartner ausreichend englisch für eine Verständigung, aber für Feinheiten ist man oft auf die Übersetzungskünste des lokalen Vertreters angewiesen.

Glücklicherweise hatte ich in Thailand einen Vertreter, der einerseits fließend englisch sprach, da er von Geburt Amerikaner war. Andererseits war er einer der wenigen Ausländer, der auch die thailändische Sprache in Wort und Schrift gut beherrschte. Dies war so ungewöhnlich, dass die meisten Thailänder so etwas nie erwarteten und frei weg auf Thailändisch ihre Standpunkte austauschten, ohne daran zu denken, ein Ausländer könnte sie eventuell verstehen. Dies war oft auch hilfreich, wenn es um Preisverhandlungen ging und Don mithören konnte, wie viel Rabatt der Kunde erwartete und zu welchen Maximalkonditionen wir den Zuschlag bekommen würden. Wichtig war natürlich immer, dass die Gegenseite nicht wusste, dass Don sie verstand.

Ein typisches Beispiel für die Nützlichkeit der Sprachkenntnisse war ein Besuch in einem Bürohochhaus eines Kunden in Bangkok. Mein Vertreter Don und ich stiegen im Parterre in einen leeren Fahrstuhl, um zum Büro in der 21. Etage zu gelangen, wo ein Meeting stattfinden sollte. Der Fahrstuhl hielt in der dritten Etage, wo zwei bezaubernd aussehende Thailänderinnen zustiegen. Sofort fingen sie an zu tuscheln – wovon ich natürlich kein Wort verstand. Don sprach sie kurz an, wonach sie mit roten Gesichtern den Fahrstuhl auf der achten Etage wieder verließen.

*Big Bananas*

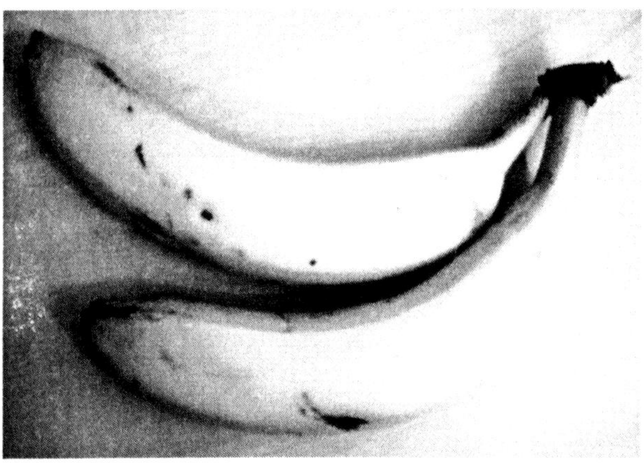

Don übersetzte mir den Dialog der Frauen. Als die beiden Mädchen in den Fahrstuhl kamen, sagte die eine zur anderen: »Ich bin ja so froh, dass ich nicht allein mit diesen zwei großen Ausländern im Fahrstuhl bin.« Die andere erwiderte: »Nur weil die so groß sind, haben die nicht unbedingt auch große Bananen.« Don fragte die beiden auf Thailändisch, ob sie diese sehen wollten. Daraufhin verließen die zwei fluchtartig den Fahrstuhl.

Fazit: Gehen Sie in Begegnungen mit Ausländern grundsätzlich davon aus, dass sie mehr von Ihrer Sprache verstehen, als sie zugeben.

## Karaoke auf thailändische Art

In den ersten Jahren übernachtete ich immer in demselben Hotel in Bangkok, wenn ich in Thailand zu tun hatte. Manchmal besuchte ich Thailand bis zu acht Mal pro Jahr, sodass mich das Hotelpersonal meines Standardhotels schon gut kannte, genauso wie ich sie. Das Fünf-Sterne-Hotel lag im Zentrum von Bangkok, zwischen Rama IV Road und Surawong Road, und war zu Fuß nur eine Minute von Patpong entfernt, der bekanntesten Vergnügungsmeile von Bangkok. Der Sicherheitsdienst bewachte die Eingänge von beiden Straßen, sodass kein Unbefugter ins Hotel gelangen konnte.

Normalerweise verließ ich Düsseldorf immer mit dem letzten Flug am Sonntagabend um 21.00 Uhr Richtung Kopenhagen mit SAS, um von dort um Mitternacht weiterzufliegen nach Bangkok. Dadurch kam ich Montagabend im Hotel in Bangkok an. Nach einer Dusche und einem leichten Snack nahm ich meist noch ein oder zwei Drinks in der Hotelbar, die auch eine Karaoke-Bar war. Eigentlich hasse ich Karaoke, aber die einheimischen Stammgäste sangen so schräg, dass es schon wieder lustig war – zumindest eine Stunde lang. Danach war ich reif für mein Bett, um am nächsten Tag fit zu sein.

Diesen Montagabend ging wieder alles nach dem gleichen Schema. Als ich in die Bar kam, war ich allerdings der einzige Gast. Ich bestellte den üblichen Drink und sagte noch zum Barkeeper, dass es ein sehr ruhiger Abend sei – ohne eine Reaktion von ihm zu bekommen. Am nächsten Morgen sagte ich meinem Vertreter, dass meiner Meinung nach das Hotel nachließ, da keine Kunden mehr kämen. Er sah mich an und fragte: »War die Bar gestern Abend wirklich wieder geöffnet? Wusstest du nicht, dass am vorigen Abend jemand in der Bar erschossen wurde und die Polizei die Bar geschlossen hatte?«

Anscheinend war am Vorabend wieder die übliche Clique in der Bar, um mit ihren Gesangsdarbietungen ihre Freundinnen zu beeindrucken.

Ein Stammgast, der für seine schreckliche Stimme bekannt war, war betrunken. Als es Zeit war, einem anderen Gast, der verschiedene Songs gebucht hatte, das Mikrofon zu geben, weigerte er sich. Sein Gegenüber, ein bekannter Geschäftsmann aus Bangkok, wurde wirklich ärgerlich und rief auf seinem Handy seinen Bodyguard an. Etwa eine Minute später kam der Bodyguard und schlug den Besoffenen zusammen. Als der auf dem Boden lag, zog der Bodyguard eine Pistole und erschoss ihn. Danach rannte er aus der Bar und verschwand trotz Sicherheitsdienst auf Nimmerwiedersehen.

Nachdem ich das gehört hatte, beschloss ich, das Hotel bei zukünftigen Besuchen in Bangkok zu meiden. Ich fragte meinen Agenten bei dem nächsten Treffen in Bangkok, ob es Neuigkeiten in diesem Fall gab, aber er verneinte. Der Fall galt wohl als abgeschlossen. Tatsächlich war der Geschäftsmann weiterhin Stammgast in der Bar.

Fazit: Karaoke kann Ihre Gesundheit gefährden, besonders Personen wie mich, die nicht singen können. Bitte beachten Sie auch, dass selbst die sanftmütigen Thailänder brutal werden können, wenn man sie ärgert.

## Bangkok – das »andere« Büro

Mehrere Jahre lang wohnte mein Agent in Thailand, Don, im Zentrum von Bangkok nahe Patpong. Ich traf Don, einen Amerikaner, häufig in einer Bar dort mit dem Namen »das andere Büro«. Anscheinend erzählten die Stammkunden, hauptsächlich Amerikaner und Engländer, die dort wohnten, ihren Frauen, wenn sie anriefen: »Ich bin im anderen Büro.« Nach einiger Zeit und auch zum Vorteil der Stammkunden nahm die Bar diesen Namen an.

Diesen Freitagabend war ich gerade von der Provinz Rayong nach Bangkok zurückgekommen und freute mich auf ein kaltes Bier in der Gesellschaft von Don und seinen Freunden im »anderen Büro«. Als ich dort ankam, schwitzte ich bereits wieder im Dampfbad von Bangkok (35 Grad Celsius und 100 Prozent Luftfeuchtigkeit), obwohl ich nur ein paar Schritte vom Hotel zur Bar gegangen war. Ich schloss mich Don und seinen Freunden an. Wie üblich trugen alle Freizeitbekleidung mit kurzärmeligen Hemden, mit einer Ausnahme. Ein Herr trug formelle Kleidung, einen dunklen Anzug mit Weste, weißes Hemd und Krawatte. Zum Glück hatte die Bar eine Klimaanlage. Er hatte nur Augen für eine Bedienung und bemerkte uns überhaupt nicht. Ich fragte Don: »Wer ist das denn – den habe ich hier noch nie gesehen?« Don sagte: »Das ist Charlie – der nervt. Er ist ein Tourist von Aberdeen/Schottland und das ist seine erste Reise außerhalb von Großbritannien. Charlie ist seit Montag jeden Tag hier gewesen und hat sich in Noi, eine der Bedienungen, verliebt. Er will sie mit nach Schottland nehmen und war heute Nachmittag bei der britischen Botschaft, um ein Visum für sie zu bekommen. Das ist auch einer der Gründe, warum er so angezogen ist.«

Ich konnte es nicht glauben. Charlie sprach mit einem sehr starken schottischen Akzent und obwohl ich längere Zeit in Schottland gearbeitet habe, konnte ich ihn fast nicht verstehen. Das Mädchen sprach nur ein paar Brocken Englisch und verstand ihn überhaupt nicht. Sie war gerade aus einem kleinen Dorf in Nordthailand nach Bangkok gekommen. Trotz allem stimmte sie zu, mit nach Schottland zu kommen, aber nur mit Rückflugticket nach Thailand, falls es in Schottland nicht klappte. Ich war verdutzt. Wie konnten zwei Leute, die sich kaum kannten, nach ein paar Tagen so eine Entscheidung treffen? Wie kann eine thailändische Orchidee in Aberdeen, auch als Granitstadt bekannt, überleben? So wird Aberdeen genannt aufgrund der dunklen Häuser aus Granitsteinen gebaut und des furchtbaren, deprimierenden Wetters.

Einige Monate später war ich nochmals in Bangkok und besuchte wieder das «andere Büro«. Zu meiner Überraschung traf ich dort Noi wieder. In der Zwischenzeit sprach sie wesendlich besser Englisch und ich fragte sie nach Charlie. Sie war sehr aufgeregt. Ja, sie waren beide nach Schottland gereist, aber da es ihr nicht gefiel, kam sie alleine zurück. Charlie hatte versprochen, nachzukommen – hatte sich aber bis dato nicht sehen lassen.

Fazit: Man kann eine zarte thailändische Orchidee nicht in ein so raues Klima wie Nordschottland verpflanzen. Dort würde sie jämmerlich eingehen.

# Taiwan

## Albtraum über Taipeh

Auf einer weiteren Rundreise durch Asien hatte ich einige Meetings in Kaoshiung, im Süden von Taiwan. Ich war über Hongkong angereist. Meine nächste Station auf dieser Reise war Bangkok und meine Sekretärin hatte dazu Flüge gebucht: Kaoshiung-Taipeh mit China Airlines und Taipeh-Bangkok mit Panam.

Ich beendete meinen letzten Termin am frühen Nachmittag und fuhr zum Flughafen für den einstündigen Flug nach Taipeh.

Als ich in Taipeh ankam, hatte ich gerade etwas über 90 Minuten Zeit bis zu meinem Weiterflug. Ich fragte am Transferschalter nach dem Panam-Schalter. Niemand schien zu verstehen, was ich wollte. Am Informationsschalter erklärte man mir, ich wäre auf dem Inlands-Flughafen Taipeh-Songshan und mein Weiterflug ginge vom internationalen Flughafen Chiang Kai-shek, ungefähr eine Stunde Fahrt von hier. Ich hüpfte in das nächste Taxi und sagte dem Fahrer er solle mich schnellstmöglich zum Flughafen Chiang Kai-shek bringen. Mit halsbrecherischer Geschwindigkeit fuhren wir los. Ich kam 40 Minuten vor Abflug an und hatte wenig Hoffnung, meinen Anschlussflug noch zu schaffen. Glücklicherweise hatte der Flug aus San Francisco/USA über eine Stunde Verspätung, sodass das Gate noch nicht geschlossen war.

Unsere 747 startete mit zwei Stunden Verspätung. Ich lehnte mich in meinem Sitz zurück und wartete auf meinen Schlaftrunk (ein Glas Rotwein), bevor ich versuchen wollte zu schlafen. Wir waren immer noch im Steigflug auf Reiseflughöhe, als eine Alarmklingel irgendwo in der Kabine ertönte. Bald klingelten mehrere Alarme und schließlich klingelte es überall. Aus der Klimaanlage begann, schwarzer Rauch herauszuströmen, der in kürzester Zeit die ganze Kabine füllte. Die Kabinenbeleuchtung fiel aus und nervöses Personal huschte mit Taschenlampen umher und suchte verzweifelt den Ausbruchsort des Feuers. Ich hielt eine Wolldecke über meine Nase, um besser atmen zu können. Ich muss zugeben, langsam glaubte ich, das wäre mein letzter Flug.

Im Flugzeug herrschte absolute Stille – alle Passagiere waren sehr nachdenklich geworden. Es gab keinerlei Information, weder aus dem Cockpit noch vom Kabinenpersonal. Erst nach zirka zehn Minuten, die eine Ewigkeit schienen, begann sich der Rauch zu verziehen, die Beleuchtung funktionierte wieder und langsam wurde die Luft wieder klar. Nun kam über Lautsprecher die folgende Meldung aus dem Cockpit: »Liebe Passagiere, Sie werden bemerkt haben, dass wir in den letzten 15 Minuten in einer ungewöhnlichen Flugsituation waren. Wir können Ihnen aber versichern, dass wir jetzt wieder alles im Griff haben. Das Hauptproblem war, dass unser zweites Triebwerk, Steuerbordseite, in Brand geraten ist. In der Zwischenzeit ist es uns gelungen, das Triebwerk abzuschalten und das Feuer zu löschen. Wir fliegen nun mit reduzierter Geschwindigkeit nach Bangkok weiter mit drei Motoren und müssten dort in zirka vier Stunden landen.«

Zu diesem Zeitpunkt sagte niemand auch nur ein Wort und wir setzten den Rest des Fluges von über vier Stunden in Gedankenstille fort. Erst als wir im Terminalgebäude des Flughafens Bangkok ankamen, wurden einige Passagiere laut und beklagten sich bitterlich über die Handhabung dieses Notfalls durch die Panam-Crew.

Später habe ich oft darüber gerätselt, wie es sein kann, dass ein brennendes Triebwerk die Kabine sofort mit Rauch füllt. Ich wurde belehrt, dass die Kabinenluft von den Kompressoren der Triebwerke transportiert würde. Da sich diese Luft kontinuierlich erneuere, dauere es nur wenige Minuten, bevor der Rauch die ganze Kabine fülle – ein ungewöhnliches System.

Fazit: Hätte ich die Reisevorbereitungen selbst getroffen, wäre ich nicht über Taipeh geflogen. Über Hongkong wäre der Flug fast zwei Stunden kürzer gewesen, ohne die Transferprobleme. Wenn man erst im Flugzeug sitzt, kann man sich nur in die Hände der Crew begeben.

## Meine drei Nächte im Love-Hotel

Wir waren wieder mal auf einem Blitzbesuch in Mai Liau, im Zentrum von Taiwan gelegen, zwischen Taipeh und Kaoshiung. Als wir unseren Auftrag erledigt hatten, war es Donnerstagnachmittag und wir fuhren zusammen mit unserem Vertreter, Mr. Hung, nach Taipeh zurück. Mein Vertriebsleiter für Schiffsverlader sollte am Samstag nach Shanghai weiterfliegen, um Geschäfte in China wahrzunehmen, während ich plante, am Sonntag für weitere Kundenbesuche nach Singapur zu fliegen.

Auf der Fahrt telefonierte Mr. Hung laufend mit seiner Sekretärin, aber wir verstanden natürlich nicht, was er besprach. Nach einiger Zeit erwähnte er, es wäre schwierig, in Taipeh eine Hotelunterkunft für uns zu bekommen. Angeblich waren aufgrund einer Messe alle üblichen Hotels ausgebucht. Wir waren erstaunt. Unser Reiseverlauf stand bereits seit über einer Woche fest und wir gingen davon aus, dass schon längst Reservierungen für uns gemacht worden wären. Dem war jedoch nicht so. Als wir bereits durch die Vororte von Taipeh fuhren, bestätigte uns der Vertreter, dass er nun Zimmer gefunden hätte.

Das kleine Hotel lag ziemlich zentral. Wir gingen mit unseren Koffern zur Rezeption, bezogen uns auf die Reservierung durch Mr. Hung und checkten ein. Mein Kollege für zwei Nächte und ich für drei Nächte. Die Dame am Schalter sah uns respektvoll und etwas ungläubig an. Normale Kunden buchten dieses Hotel für vielleicht ein paar Stunden oder eine ganze Nacht, niemals jedoch für drei Nächte.

Wir waren in einem sogenannten Love-Hotel gelandet. Da die Taiwanesen in Großfamilien und in sehr beengten Raumverhältnissen wohnten, war es für Paare nicht ungewöhnlich, sich eine Auszeit vom häuslichen Stress zu gönnen und in einem Love-Hotel zu entspannen. Für Einzelgäste boten sich auch noch Damen in der kleinen Hotelbar an. Fatalerweise hatte ich ein Zimmer direkt neben dem Fahrstuhl erhalten und dieser Fahrstuhl ging ziemlich geräuschvoll Tag und Nacht. Im ganzen Haus wurden kontinuierlich Türen zugeschlagen und durch die dünnen Wände drangen Geräusche, die ich nur mithilfe des Fernsehers übertönen konnte. Es war die Hölle. Im Eingangsbereich war eine kleine Bar, in der man sich etwas Bettschwere antrinken konnte. Allerdings waren viele weibliche Barbesucher dort, die dies verhindern wollten.

Die ersten zwei Tage mit meinem Kollegen gingen noch, da wir uns gegenseitig Mut machen konnten. Am dritten Tag war ich allein einem Spießrutenlauf ausgesetzt. Ich war wirklich froh, als ich am dritten Tag durch ein Damenspalier mit meinen Koffern zum Taxi ging und wir zum Flughafen fuhren.

Fazit: Andere Länder – andere Sitten. Prüfen Sie immer im Vorfeld, was man für Sie bereits reserviert hat, um gegebenenfalls noch gegensteuern zu können.

# Saudi-Arabien

## Ras Tanura – erste Erfahrungen im Mittleren Osten

1980 reiste ich nach Ras Tanura in der Nähe von Damman, um bei der Planung des Baus einer Anlage für LPG-Export zu assistieren. Es ging darum, bestehende Anlagen zu ersetzen, die den Sicherheitsanforderungen nicht mehr entsprachen. Es gab ein Zeitfenster von nur zwei Wochen, um die bestehenden Anlagen zu demontieren und die neuen Anlagen in Betrieb zu nehmen. Daher war präzise Planung des benötigten Personals sowie der Hilfsmittel gefordert – das war meine Aufgabe.

Damals war es aus irgendwelchen Gründen für Deutsche schwer, ein Visum für Saudi-Arabien zu erhalten. Meine Firma jedoch hatte spezielle Kontakte in der Saudi-Botschaft in Rom, Italien, wo ich ein Visum innerhalb von 24 Stunden bekommen konnte. Dazu musste ich in einem bestimmten Hotel übernachten und meinen Pass abgeben. Am nächsten Tag erhielt ich ihn mit dem entsprechenden Visum an der Rezeption zurück. Dadurch gewann ich einen Tag Urlaub in Rom, bevor ich mit einem Mitternachtsflug der Alitalia nach Dharan flog.

Fast alle Passagiere waren italienische Bauarbeiter, die Arbeitsverträge in Saudi-Arabien hatten. Ich saß in der letzten Reihe. Gegenüber dem Gang war ein Italiener, der die ganze Nacht las. Ich schaute hinüber und bemerkte, dass er seine komplette Pornosammlung dabei hatte, die er Seite für Seite durchschaute. Ich war verblüfft. Diese Art von Literatur war in Saudi-Arabien strengstens verboten. Wir kamen gegen 5.00 Uhr früh in Dharan an und gingen zur Passkontrolle. Als ich mein Gepäck vom Band holte, sah ich meinen Nachbarn wieder. Er war vor einem Stehpult hinter dem ein Zollbeamter stand. Der untersuchte die Pornos, indem er jede Seite mit einem Stöckchen umblätterte und in lautem Arabisch das gesehene verdammte. Später hörte ich, dass dieser Italiener nie Saudi-Arabien betrat, sondern sofort den Rückflug nach Rom antreten musste.

Der Projektmanager holte mich persönlich am Flughafen ab und brachte mich direkt ins Büro. Um 16.00 Uhr wurde ich zum Camp gefahren, in dem ich untergebracht werden sollte. Für meine späte Ankunft wurde ich gerügt, denn es mussten noch viele Formalitäten erledigt werden, wie Sicherheitspass, Unterkunft, Pass für die Kantine und vieles mehr, und die Leute wollten Feierabend machen. Beim Abendessen traf ich einen Amerikaner, der auch relativ neu im Camp war. Anscheinend war er vor zwei Wochen angekommen, sofort ins Camp gefahren und bis dato noch nicht zur Arbeit abgerufen worden. Er war Spezialist für EDV und sollte die Systeme der Raffinerie auf den neuesten Stand bringen. Er war kein »Greenhorn« und kannte seine Prioritäten. Er machte sich keine Sorgen, ob er jemals arbeiten würde, solange er sein Geld regelmäßig bekam.

Im Camp gab es Menschen mit über 80 verschiedenen Nationalitäten, die in sechs Kategorien eingeteilt waren. Amerikaner waren Gruppe eins. Deutsche und andere Europäer waren Gruppe drei. Jede Gruppe hatte die eigenen Einrichtungen für Sport, Freizeit und Ähnliches. Einmal schwamm ich in dem Freibad der Gruppe vier und wurde dafür schlimm getadelt.

Sehr schnell hatte man die Routine raus. Man arbeitete sieben Tage pro Woche und die einzige Abwechslung war das gute Essen, das für alle Nationalitäten und Geschmacksrichtungen ausgerichtet war. Natürlich gab es keinen Alkohol und man musste sich mit Eistee, Cola und Wasser behelfen. Die meisten hatten Arbeitsverträge von jeweils drei Monaten Arbeit und dann einen Monat Urlaub.

Abends kamen die Agenten der Reisebüros ins Camp und priesen Urlaub in Thailand oder auf den Philippinen an. Ich lernte, dass so mancher Amerikaner, der schon mehrere Jahre in Saudi-Arabien gearbeitet hatte, es während des Urlaubs gar nicht mehr bis nach Hause schaffte. Auf dem Weg nach zum Beispiel Seattle würden sie einen Zwischenstopp in Manila machen und dort das ganze Geld ausgeben. Sie kamen ohne einen Cent nach Saudi-Arabien zurück und ein neuer Zyklus begann. Diese Leute fanden sich oft nicht mehr in der Arbeitswelt der USA zurecht. Sie waren ein bisschen »verrückt« geworden in der Hitze der Wüste.

Aramco verfolgte damals ein Programm, mehr Araber in Führungspositionen in der Firma zu bringen, aber es sah so aus, als ob nur die Ausländer wirklich arbeiteten. Wenn ein Einheimischer einen Führungsposten einnahm, so konnte man ihn selten an seinem Arbeitsplatz finden. Ich hatte einen Container im Camp, der zwei Zimmer hatte und dazwischen ein gemeinsames Badezimmer. Nachts fiel oft der Strom aus und man wachte schweißgebadet auf. Viele machten dann den Fehler, die Klimaanlage ganz aufzudrehen. Sie bekamen alle schlimme Erkältungen.

Als ich nach zwei Wochen meinen Einsatz beendete, wurde ich zum Flughafenhotel in Dharan gebracht, um meinen Flug früh am nächsten Morgen zu erreichen. Ich hatte mein Abendessen im Hotel und war überrascht, dass es nicht nur ein riesiges Menü gab, sondern auch eine lange

Weinliste. Ich bestellte gierig eine Flasche Wein mit einem beeindruckenden Etikett, nahm einen schnellen Schluck und – war enttäuscht. Der Wein entpuppte sich als alkoholfreier Traubensaft. Ich habe noch nie so viele Leute morgens um 7.00 Uhr Whiskey, Cognac und Gin trinken sehen wie auf meinem Rückflug.

Fazit: Für einen Ausländer kann es nur einen Grund geben, in Saudi-Arabien zu arbeiten, und das ist das »gute Geld«!

## Mekka – Muslime auf der Überholspur

2000 musste ich nach Jeddah/Saudi-Arabien zu einer Auftragsverhandlung. Eine große griechische Ingenieurfirma baute in Shoaiba am Roten Meer ein ölbefeuertes Kraftwerk und wir hatten die dazugehörenden Ölentladeanlagen angeboten. Es war Schicksal, dass das Meeting am Anfang des Ramadan stattfand, im August, der heißesten Jahreszeit in Saudi-Arabien. Wie bekannt darf man während des Ramadan tagsüber unter Androhung von strengen Strafen öffentlich nichts essen oder trinken.

In dieser ersten Nacht des Ramadan kamen Hunderttausende von Pilgern im Flughafen Jeddah an und es dauerte über fünf Stunden, um die Einreiseformalitäten zu erledigen. Ich erreichte mein Hotel kurz vor 5.00 Uhr früh, kurz vor Sonnenaufgang. Um 8.00 Uhr wurde ich abgeholt für unser Meeting in Shoaiba ungefähr 120 Kilometer von Jeddah. Glücklicherweise bekam ich noch vor der Abreise ein spartanisches Frühstück auf meinem Zimmer hinter geschlossenen Gardinen. Mein Vertreter, ein pakistanischer Air-Force-Ex-Offizier, fuhr den Wagen. Offensichtlich war die direkte Route nach Shoaiba durch die Wüste sehr langsam, daher nahmen wir einen Umweg über die Autobahn nach Mekka in Kauf, bevor wir wieder Richtung Küste abdrehten. Als wir in die Nähe von Mekka kamen, traute ich meinen Augen nicht. Über alle drei Fahrspuren der Autobahn hingen riesige Schilder mit der Aufschrift: »Muslime linke und mittlere Spur, Ungläubige nur rechte Spur!«

Für einen Augenblick stellte ich mir vor, was das für einen Protest geben würde, wenn wir ähnliche Schilder auf den deutschen Autobahnen für unsere türkischen und arabischen Mitbürger hätten. Nach kurzer Zeit verwandelte sich die Autobahn in eine Cross-Country-Wüstenpiste und rundherum konnte man nur öde trockene Wüste sehen. Gelegentlich sah man am Rande der Piste Nomaden mit ihren Kamelherden. Trotz Ramadan verkauften sie frische Kamelmilch an die vorbeikommenden Reisenden. Angeblich hatte die noch warme Kamelmilch eine extrem abführende Wirkung und wer sie trank, hatte dort nicht die geringste Chance, sich hinter irgendwelchen Büschen zu verstecken.

Endlich kamen wir im Camp der Shoaiba-Baustelle an zu unserer Endverhandlung. Griechen können sehr schwierige Verhandlungspartner sein und auch dieses Mal bildete keine Ausnahme. Technisch war alles geklärt, aber die kommerziellen Bedingungen und die Preisvorstellungen waren schwierig. Es widerstrebte mir sehr, diesen zuzustimmen, aber die Zeit wurde knapp. Wir mussten in Jeddah vor Sonnenuntergang zurück sein, da die Fahrt durch die Wüste bei Nacht viel zu gefährlich war. Deshalb war ich erpressbar, wir schüttelten die Hände und ich hatte den Auftrag.

An diesem Abend, nach Sonnenuntergang, gingen wir zum Dinner in einem pakistanischen Restaurant in Jeddah. Obwohl ich ein Fan von scharfem Curry bin, schmeckte es mir diesen Abend nicht besonders. Ich musste dauernd an den Auftrag denken und an die Schwierigkeiten, diesen nochmals intern meiner Firma zu verkaufen. Es war schade, dass ich das ausgezeichnete Essen nicht genießen konnte.

Nach dem Dinner wurde ich zurück zum Flughafen gebracht, da ich um 1.00 Uhr einen Flug mit Saudi Airways nach Frankfurt gebucht hatte. Die Maschine war mit Bildschirmen vor jedem Sitz ausgestattet und beim Start wurde die Kamera in das Cockpit geschaltet. Man sah und hörte, wie der Kapitän und Co-Pilot laut beteten und Allah um einen sicheren Flug baten. Ich lehnte mich zurück und hoffte auf ein wenig Schlaf, dieses Mal auch ohne meinen üblichen Schlummertrunk von einem Glas Rotwein. Ich war überglücklich, als wir wieder in Frankfurt auf das Ankunftsgate zurollten.

Fazit: Saudi-Arabien ist wirklich eine andere Welt und ich beneide niemanden, der dort arbeitet, egal wie viel Geld er auch dort verdienen möge.

*Ölentladung im Shoaiba-Kraftwerk, Saudi Arabien*

# Singapur

## Verschiedene Werte und Kulturen

Singapur ist immer noch eine sehr saubere, multikulturelle Stadt, wo die verschiedenen Rassen, Chinesen, Malaien, Inder und Europäer, anscheinend zusammen friedlich leben. In diesem kleinen Stadtstaat leben grob 4,5 Millionen Menschen, darunter 75 Prozent Chinesen, 14 Prozent Malaien, neun Prozent Inder und zwei Prozent Eurasier und Europäer. Das Leben ist strikt reguliert, und noch vor dem Betreten des Landes bekommen viele Leute schon Geldstrafen am Flughafen für illegales Rauchen oder für das Mitbringen von Kaugummis.

Über die Jahre hatte ich Agenten mit verschiedenen ethnischen Hintergründen wie Taiwanesen, Singapur-Chinesen und Europäer aus Großbritannien und Deutschland. Mit jedem Agenten lernte ich völlig verschiedene Aspekte von Singapur kennen, und ich merkte, dass sich die verschiedenen ethnischen Gruppen nicht wirklich gesellschaftlich vermischen.

In den Jahren mit den chinesischen Agenten lernte ich im Chinesenviertel eine völlig andere Stadt zu der kennen, die ich mit meinen europäischen Agenten erlebte. In jenen Tagen wohnte ich im Furama Hotel im Chinesenviertel neben dem Peoples' Park.

Die meisten Hotelgäste waren Chinesen, Besucher vom chinesischen Festland. Einige von ihnen kamen offensichtlich aus ländlichen Gegenden Chinas. Vom Hoteleingang auf Straßenebene führte eine lange Rolltreppe bis zum Empfang im ersten Stock. Oft konnten die Neulinge nicht dazu überredet werden, die Rolltreppe zu benützen, da sie fürchteten, zu fallen. Sie waren auch nicht an das reiche Frühstücksbüfett gewöhnt. Nach dem Frühstück nahmen sie im Aufzug die ganze Nahrung mit, die sie bis in ihre Zimmer tragen konnten.

Meine taiwanesischen Agenten, die in Singapur wohnten, vertraten meine Gesellschaft in Singapur und Indonesien.

Sie waren Bankiers von Beruf, und Geld schien für sie nicht wichtig zu sein. Teure Festessen, für die sie jede Nacht Tausende von Sin-Dollars ausgaben, schienen normal. Einmal ging ich mit meinem Agenten zum Chinatown Point, wo er Geschenke für seine Frau und seine zwei Töchter in Taiwan kaufen wollte. Bei einem Goldschmied wurde er auf Jadearmreifen aufmerksam. Für mich sahen diese aus wie billige Plastikringe, aber der Verkäufer verlangte 10000 Sin-Dollar pro Stück. Mein Agent handelte diesen Preis zu 25000 Dollar für drei Stück herunter und war sehr erfreut, sie für diesen Preis zu kaufen. Anscheinend hat Jade eine ganz besondere Bedeutung für die chinesische Bevölkerung, und die Farbe, die Schattierung und Maserung sind äußerst wichtig und bestimmen den Preis. Er bestand darauf, dass ich auch einen für meine Frau kaufen sollte, aber ich widerstand gut in dem Wissen, dass es überhaupt nicht gut bei meiner Frau ankommen würde. Sogar dieser sehr reiche und in den USA gut ausgebildete Taiwanese schien nicht zu verstehen, dass in den Augen des Europäers seine wertvollen Geschenke aussahen wie wertloser Krempel.

Fazit: Seien Sie auf einige ungewöhnliche Erfahrungen in anderen Ländern vorbereitet.

## Die deutsche Art, Geschäfte in Singapur zu machen

Viele Jahre nahmen wir an der jährlichen Fachmesse für die Öl- und Gasindustrie teil, der OSEA in Singapur. Traditionell war diese Fachmesse jährlich im November/Dezember und wir versuchten, diese mit Kundenterminen in Singapur und den Nachbarländern zu verbinden. Es war auch eine Chance, eine Gemeinschaftsbesprechung einzuberufen mit unseren asiatischen Agenten aus Singapur, Indonesien, Malaysia, Thailand und Australien, die auch regelmäßig die Messe besuchten.

Während die meisten in diesem Geschäft aktiven anderen Nationen wie die USA, Australien, Norwegen, Großbritannien, Frankreich und andere riesige nationale Pavillons unterhielten, sah Deutschland das nie als ein nationales Ereignis. Private Firmen mussten dies ohne den Staat organisieren, jeder für sich. Ich erinnere mich an die Zeit, als ich einen Briten als Agenten hatte, der in Singapur lebte. Er konnte nicht verstehen, warum Deutschland solch eine wichtige internationale Fachmesse nicht professioneller anging.

Die Ausstellung dauerte eine volle Woche und nach einiger Zeit tauchte der deutsche Botschafter an unserem Stand auf und lud uns und die Standbesatzungen der anderen deutschen Teilnehmer zu einer Abendgartenparty ein, die in seinem Haus stattfinden sollte. Die Idee war, potenzielle Kunden aus Singapur zu treffen, um Geschäftsbeziehungen und die Aussichten auf zukünftige Aufträge zu verbessern. Mein Agent und ich besuchten zusammen mit zwei Geschäftspartnern dieses Ereignis, das sich als eine ziemlich gemütliche Angelegenheit entpuppte. Ich zählte insgesamt zirka 30 Leute. Wir genossen den wirklich ausgezeichneten Service mit bester deutscher Küche und ausgezeichneten Getränken. Es war fast wie eine Familienparty.

OSEA2004
The 15th International Oil & Gas
Industry Exhibition & Conference
SINCE 1976

Ich redete mit verschiedenen Mitgliedern aus den Stäben des Botschafters, dem Botschafter selbst und seiner Frau und merkte bald, dass ich es mit Experten für Golf, Tennis und Katamaransegeln zu tun hatte. Was aber Geschäftskontakte in Singapur betraf, davon wussten sie wenig. In der Tat hörten sie eifrig und in vollkommenem Erstaunen zu, als mein Agent und ich ihnen sagten, wie wir dort Geschäfte machten und wie viele Firmen wir in der Region kannten.

Zu der Zeit hatte Deutschland gerade ein sogenanntes »German Center« in Singapur eröffnet mit der Idee, dass deutsche Neulinge in Singapur Büroplatz in diesem Zentrum mieten, die gemeinsamen Einrichtungen wie das Schreibbüro verwenden und einen Stützpunkt in Singapur aufbauen konnten. Was tatsächlich geschah, war, dass die Neuankömmlinge aus Deutschland nie aus dem Gebäude herauskamen, um Kunden zu besuchen, sondern, im Gegenteil, erwarteten, dass ihre Kunden für Auftragsvergaben zu ihnen kommen würden. Auf eine Weise konnte ich sie verstehen. Die Büros waren wirklich komfortabel, vollständig klimatisiert, und das Gebäude hatte einige sehr gut ausgestattete Restaurants mit authentischem deutschem Essen und Getränken. In der Tat gab es jeden Donnerstagsabend dort eine offene Einladung für allen Deutschen, die in Singapur lebten, um zu einem gemütlichen Zusammensein mit Gratisgetränken zu kommen. Mein Agent war von der deutschen Art, Geschäfte machen zu wollen, überrascht.

Einen Tag nach der Feier beim deutschen Botschafter wurden die britischen Aussteller vom britischen Botschafter zu einem ähnlichen Treffen in ein Spitzenhotel eingeladen. Dieses Mal waren etwa 400 Besucher da und das Treffen wurde ein großer Erfolg mit vielen Aufträgen, die dort erteilt wurden, oder wenigstens mit Absichtserklärungen. Dies war ein professionell organisiertes Treffen, und es war klar, dass das britische Außenministerium auch als gelungene Verkaufsvermittlung für britische Firmen agierte. Ich fühlte einen gewissen Neid aufkommen. Ich wünschte, dass die deutsche Industrie eine ähnliche Unterstützung von ihrer Regierung bekommen würde.

Aber sogar heute, wenn wir in die deutsche Presse schauen, können wir lesen, dass deutsche Landespolitiker auf Reisen gehen, um ihre einzel-

nen Länder wie Bayern oder Nordrhein- Westfalen zu fördern. Wenn Sie einen Asiaten fragen, ob er Nordrhein-Westfalen kennt, schauen Sie in ein »leeres Gesicht«. Nach globalen Standards ist Deutschland ein sehr kleines Land, das im Ausland ein einheitliches Gesicht zeigen sollte, um eine Wirkung zu erzielen. Wenn all unsere 16 Bundesländer ihre eigene Sache versuchen, führt es zu nichts außer zu teuren Vergnügungsreisen der Landespolitiker auf Kosten der Steuerzahler! Weiterhin erfuhr ich, dass, wenn deutsche Politiker reisen, meist ihre Reisevorbereitungen nicht von den jeweiligen deutschen Botschaften, sondern von großen deutschen Firmen (den Global Players) gemacht werden, da diese bessere Verbindungen im Ausland haben als das deutsche Außenministerium!

Fazit: Kann mir jemand sagen, wofür wir unsere exorbitanten Steuern zahlen? Könnte es hauptsächlich für Golf- und Tennisunterricht des diplomatischen Korps sein?

# Europa

# Europäische Union

In den letzten Jahrzehnten ging der lange Prozess des Zusammenwachsens in der Europäischen Gemeinschaft weiter. In der Zwischenzeit haben viele von uns eine gemeinsame Währung, den Euro. Wir haben vereinheitlichte Reisepässe und Führerscheine. Wir können uns in Europa frei bewegen, ohne lästige Grenzen und Kontrollen. Wenn es um Verbrauchsgüter geht wie Nahrungsmittel oder in Großserien produzierte Haushaltswaren wie Mikrowellenherde, genießen wir in der Gemeinschaft volle Integration. Alle Verpackungen sind in über einem Dutzend Sprachen beschriftet und es wird immer schwieriger, die eigene Sprache darauf zu finden. Verbrauchsgüter werden mit Betriebs- und Wartungsanleitungen in allen Sprachen geliefert, sodass diese schon den Umfang eines Lexikons angenommen haben.

Wenn wir jedoch von kundenspezifischen Anlagen sprechen wie zum Beispiel Containerkranen, Schiffsverladern und anderen Hafenanlagen, dann sieht die Lage ganz anders aus. Für solche individuell konstruierten Anlagen muss die Dokumentation in Form von Zeichnungen, Stücklisten, Qualitätssicherung und Betriebs- und Wartungsanleitungen in der Sprache des Betreibers erstellt werden und das alleine kann schon eine unüberwindbare Handelsbarriere darstellen. Außerdem sprechen wir nun von Auftragswerten von über einer Million Euro oder US-Dollar und da verhindern rasch einmal lokale Interessen und Lobbyisten einen fairen Wettbewerb. Deshalb ist es zurzeit für eine deutsche Firma vergebene Mühe, wenn sie versucht, solche Anlagen an Staatsbetriebe in Italien, Frankreich und andere Länder zu liefern, insbesondere wenn es örtliche Wettbewerber gibt. Hier hat Europa noch einen langen Weg vor sich.

Anders sieht es mit international tätigen Ingenieur- und Baufirmen in diesen Ländern aus, die Projekte in Ländern außerhalb Europas bearbeiten wie beispielsweise im Mittleren Osten. In diesen Fällen ist die Projektsprache Englisch und auch jede Dokumentation wird in dieser Sprache geliefert. Aus diesem Grund haben deutsche Firmen, die auf internationale Projekte spezialisiert sind, hier eine bessere Chance. Wenn ich mich richtig erinnere, waren bei meiner letzten Firma über 95 Prozent der Aufträge aus Italien und Frankreich für Orte außerhalb Europas bestimmt.

Fazit: Bevor Sie die Ressourcen Ihrer Firma mit umfangreichen Angeboten belasten, sollten Sie sicher sein, dass Sie das Szenario durchschauen und wirkliche Chancen auf einen Auftrag bestehen. Die Agenten in diesen Ländern werden Ihnen immer eine »rosige Lage« vorgaukeln. Schließlich hätten sie ohne ein abgegebenes Angebot keine Chance auf eine Provision.

# Belgien

## Grenzwertige Verhandlungen in Brüssel

Vor einigen Jahren wurde ich von einer der größten belgischen Ingenieurfirmen nach Brüssel zu einer Auftragsverhandlung eingeladen, es ging um Äthylen-Schiffsverlader für ein neues Werk einer bedeutenden belgischen Chemiefirma in Map Tha Put/Thailand.

Mein Vertreter für die Benelux-Länder (Belgien, Niederlande und Luxemburg) lebte in Breda/Holland. Aus diesem Grunde reiste ich von Dortmund über Breda und Antwerpen nach Brüssel – ein Umweg von zirka 60 Kilometern, was eine zusätzliche Stunde Reisezeit bedeutete. Da die Besprechung für 10.00 Uhr morgens angesetzt war, musste ich um 6.00 Uhr aufbrechen, um auf der sicheren Seite zu sein. Von Breda reisten wir gemeinsam im Wagen meines Vertreters nach Brüssel, wo wir nach einer langen Parkplatzsuche gerade noch rechtzeitig beim Kunden ankamen. Die Büros befanden sich in der Stadtmitte, in einer sehr teuren und überlaufenen Gegend. Man bat uns in ein kleines Besprechungszimmer ohne Fenster und ohne Klimaanlage. Es war Sommer und der Raum war stickig. Der Einkaufsleiter leitete das Meeting und stellte uns die Agenda vor, bestehend aus der Klärung der kommerziellen Bedingungen, des technischen Lieferumfanges wie Mechanik, Rohrleitungsbau, Elektrik und Elektronik, Hydraulik und letztendlich der Verhandlung des endgültigen Preises. Für die verschiedenen Bereiche wurden jeweils die Spezialisten der entsprechenden Abteilungen in das Meeting gerufen, so lange man sie brauchte.

Nach der langen Anreise hatte ich Durst, aber nichts wurde angeboten, noch nicht mal die obligatorische Tasse Kaffee. Mit der Zeit kamen und gingen immer neue Personen. Es war bereits Mittagszeit und langsam dämmerte mir, dass sich unsere Kunden einzeln zum Mittagessen in die Kantine zurückzogen, während wir mit dem Meeting fortfuhren. Ungefähr um 15.00 Uhr brach mein Vertreter plötzlich zusammen und fiel bewusstlos vom Stuhl. Er gehörte zu den Menschen, die regelmäßig alle zwei bis drei Stunden etwas essen und trinken müssen, aber er hatte bereits zu lange gehungert. Wir brachten ihn nach draußen in die Nähe der Rezeption und dort bekam er wenigstens etwas Wasser. Das Meeting ging ohne ihn weiter und außer einem Glas Wasser wurde nichts mehr angeboten. Gegen 18.00 Uhr gelang es mir, eine Auftragszusage zu erhalten. Der Kunde hatte einen gewaltigen Nachlass erwartet, während er laufend den

Liefer- und Leistungsumfang vergrößerte. Ich nannte zuerst eine entsprechende Preiserhöhung, die gar nicht gut ankam. Danach gab ich einen geringen Nachlass, den sie mit Knurren akzeptierten, da der Preis immer noch höher als der ursprüngliche war.

Nun hatte ich Hunger, ging mit meinem Vertreter in einen Schnellimbiss und genoss mein Essen richtig. Mein Partner jedoch hatte zu diesem Zeitpunkt schon Migräne- und Schwindelanfälle – er konnte gar nichts essen. Er konnte auch nicht mehr fahren und ich musste ihn in seinem Wagen nach Holland zurückbringen. Von dort fuhr ich zurück nach Deutschland und kam kurz vor Mitternacht zu Hause an. Als ich am nächsten Tag etwas später in der Firma ankam, runzelte mein Chef die Stirn.

Fazit: Der Kunde ist immer König. Es gibt trotzdem einige grundsätzliche Konventionen, die für das normale Geschäftsleben gelten. Dieses Meeting war auf jeden Fall unkonventionell und erinnerte mich etwas an chinesische Foltermethoden.

# Frankreich

## Französisches Überlebenspaket in Marseille

Vor einiger Zeit bat mich eine französische Chemiegesellschaft, die sich in Fos-sur-Mer nahe Marseille befindet, zu einer Klärungsbesprechung zu kommen. Sie hatten von unserem französischem Konkurrenten genug, der glaubte, den französischen Markt für sich alleine zu haben. Diese Gesellschaft wollte uns den Auftrag für ihr erforderliches Chemie-Verladegerät geben, um ein Exempel zu statuieren.

Da es keine direkten Flüge von Düsseldorf nach Marseille gab, nahm ich widerwillig eine Umsteigeverbindung über Paris in Kauf. Dort hatte ich schon oft schlechte Erfahrungen mit verlorenem Gepäck gemacht. Aus diesem Grund gab ich nur mein Übernachtungsgepäck auf und trug die für die Besprechung benötigte Dokumentation in meinem Handgepäck. Trotz eines Umsteigezeitfensters von 90 Minuten im Charles-de-Gaulle-Flughafen schaffte mein Gepäck die Verbindung nach Marseille nicht. Unnötig zu sagen, dass dies an diesem Tag der letzte Flug von Paris nach Marseille war, sodass mein Gepäck erst am nächsten Morgen ankommen würde. Ich ging zum Schalter für verlorenes Gepäck der französischen Fluggesellschaft und schilderte ihnen mein Problem. Sie informierten mich, dass das Gepäck am nächsten Morgen um 7.30 Uhr mit dem ersten eingehenden Flug ankommen würde.

Ich hatte vereinbart, dass ich meinen Vertreter um 7.00 Uhr am nächsten Morgen in meinem nahegelegenen Hotel treffen würde, sodass wir es für die Besprechung bei den Kunden um 8.30 Uhr schaffen würden. Daher gab es keine Zeit, das Gepäck zuerst zu holen. Ich bat um ein Übernachtungspaket, inklusive Rasierzeug, Zahnbürste und -paste und Ähnliches, um sicher zu sein, dass ich für die Besprechung anständig aussehen würde. Die Dame gab mir einen kleinen Sack und sagte mir, das müsste reichen. Zu diesem Zeitpunkt war ich nicht mehr bereit, irgendetwas zu glauben, was die Fluggesellschaft mir sagte, und öffnete den Sack am Schalter vor der Dame. Tatsächlich enthielt er die üblichen Notwendigkeiten für Körperpflege und ein kleines T-Shirt, das als Pyjama dienen sollte. Außerdem gab es eine einer Familienpackung Kleenex-Tüchern ähnliche, ziemlich große Schachtel. Als ich diese jedoch öffnete, stellte sich heraus, dass sie jede Menge Kondome in allen Formen und Größen enthielt. Die Dame lächelte: »Nun, man weiß nie – mein Herr.«

Wieder einmal merkte ich, dass ich doch nicht der erfahrene Reisende war, der ich zu sein glaubte. Offensichtlich setzen verschiedene Länder verschiedene Prioritäten. Und jetzt weiß ich auch, warum Kondome französische Briefchen genannt werden.

Fazit: Seien Sie darauf vorbereitet, jeden Tag etwas Neues zu erfahren.

## Entente Cordiale mit einem deutschen Vermittler

1981 beschloss meine Gesellschaft, die unter Lizenz für einen amerikanischen Hersteller Schiffsverlader entwickelte und baute, aus diesem Geschäft im Vereinigten Königreich auszuscheiden, da die Lizenzgebühren unrealistisch hoch geworden und die Gewinnspannen bei anderen Produktgruppen wesentlich lukrativer waren. Der Kundendienst und das Ersatzteilgeschäft für die vorhandenen Installationen – über 1000 auf der ganzen Welt – sollten auf das französische Werk der US-Gesellschaft übertragen werden.

Da die persönlichen Beziehungen zwischen meinen englischen Meistern und ihren französischen Partnern etwas angespannt waren, um es höflich auszudrücken, wurde ich zum Vermittler zwischen den zwei Gesellschaften ernannt. Der Hintergedanke war, dass ich als Deutscher vermutlich den kontinentalen Franzosen mental näher sei.

Ich stellte mich einer enormen Aufgabe. Für die 1000 verschiedenen einzelnen Installationen musste die vorhandene Wartungs- und Ersatzteildokumentation verbessert werden, sodass die französische Gesellschaft alle Ersatzteile identifizieren und die Wartung an diesen komplexen elektrischen, hydraulischen, pneumatischen und mechanischen Maschinenbauteilen ausführen konnte. Eine Mannschaft von einem halben Dutzend Ingenieuren arbeitete ein Jahr an dieser Aufgabe. Simultan mussten wir einen Großauftrag für Neuschottland/Kanada fertigstellen. Schon wegen der reinen Größe des Auftrags beschlossen wir, die Fertigung der Hälfte des Auftrags nach Frankreich unterzuvergeben. Ich war verantwortlich, auch jene Aktivitäten zu koordinieren. Dies bedeutete häufiges Reisen zwischen Manchester und Paris. Dabei lernte ich viel über die französisch-britischen Beziehungen. Beide beklagten sich bei mir über die andere Seite, aber ich weiß nicht, was sie über mich (den Deutschen) hinter meinem Rücken sagten.

Schließlich wurde der Lieferauftrag fertiggestellt und nach Kanada ausgeliefert. Auch eine volle Containerladung der Dokumentation wurde vom Vereinigten Königreich nach Frankreich ausgeliefert.

Eine Woche später kam ich wieder nach Frankreich, um etwaige Unklarheiten zu beseitigen und zu verifizieren, dass die ganze Dokumentation in gutem Zustand angekommen war. Ein Herr mit Namen Alfred war für das Ersatzteilgeschäft dort verantwortlich. Als ich ihn besuchte, war ich schockiert. Er saß in seinem winzigen Büro, an drei Wänden waren Kartons auf Kartons bis zur Decke gestapelt, die die Handbücher enthielten, die wir erstellt hatten. Anscheinend wurde erwartet, dass er dieses zusätzliche Volumen alleine bearbeitete (damaliger Wert zirka vier Millionen US-Dollar pro Jahr). Ihm war noch ein Lehrling zur Seite gestellt worden, der diese spezialisierte Arbeit unmöglich machen konnte.

Ich verstand die Einstellung der Geschäftsleitung nicht. Ersatzteilgeschäft ist das lukrativste Geschäft in jeder Industrie und für die vier Millionen zusätzlichen Umsatz hätte man einige zusätzliche Fachingenieure beschäftigen können.

Einige Monate später wechselte ich zu ihrer Konkurrenz in Deutschland und der schlechte Service, den die französische Gesellschaft ihren Kunden bot, half uns enorm, neue Aufträge zu bekommen und unsere Kundenbasis zu erweitern.

Fazit: Es gibt keinen Grund, Ihre Konkurrenten unglaubwürdig zu machen. Die meisten von ihnen tun es selbst!

# Italien

## Fano – ein Essen fit für Päpste

Persönlich halte ich die italienische Küche für eine der besten der Welt, aber leider klappt es nicht immer, diese auch zu genießen. Vor Jahren hatte ich eine Vertragsverhandlung in Fano, einem Städtchen etwa 50 Kilometer südlich von Rimini. Die Verhandlung war für 13.00 Uhr angesetzt und sollte drei bis vier Stunden dauern. Ich flog am Vorabend nach Büroschluss von Düsseldorf nach Mailand, um mich dort am nächsten Morgen mit meinem Vertreter, der in Mailand wohnte, am Hotel zu treffen. Wir mussten schon um 6.00 Uhr früh Mailand mit dem Auto verlassen, um rechtzeitig in Fano einzutreffen. Leider gab es im Hotel um 6.00 Uhr noch kein Frühstück, sodass ich nüchtern abreisen musste.

Wir kamen recht hungrig gegen 11.45 Uhr in Fano an. Mein Vertreter, Signore Bonifante, hat sich immer für einen Gourmet gehalten, daher brachte er uns auch zum angeblich besten lokalen Fischrestaurant in Fano. Dies wurde gerade geöffnet, als wir ankamen und wir waren die ersten Gäste. Bonifante unterhielt sich ausgiebig mit der Wirtin und bestellte dann eine Grillplatte gemischten Fisch. Nach einer halben Stunde kam unser Essen und zwischenzeitlich hatte sich das Lokal auch fast schon gefüllt. Der Kellner servierte Bonifante zuerst, der sofort kostete. Während ich noch bedient wurde, ergriff Bonifante die Edelstahlplatte und schleuderte sie mit lautem Getöse auf den gefliesten Boden. Im Lokal wurde es totenstill, bis die Wirtin kam und fragte, ob etwas nicht in Ordnung wäre. Bonifante erwiderte, er hätte sofort geschmeckt, dass der Fisch auf einem gasbefeuerten Grill zubereitet worden sei. Dies sei für ihn nicht akzeptabel. Die Wirtin bezweifelte dies, da die Küche überhaupt keinen Gasanschluss hatte. Bonifante bestand auf seiner Meinung, bezahlte und wir verließen das Lokal ohne Mittagessen. Wir kamen gerade noch rechtzeitig zum Meeting, das bis 18.00 Uhr dauerte.

Nun war Eile geboten, um nach Mailand zurückzufahren, wo ich gegen Mitternacht im Agip Hotel in der Nähe des Flughafens Linate ankam. Natürlich war die Küche wieder geschlossen. Am nächsten Morgen musste ich das Hotel wieder um 6.15 Uhr verlassen, um meinen Flug um 7.45 Uhr zu erreichen. Zu dieser Zeit gab es noch kein Frühstück im Hotel. Nachdem ich nunmehr 32 Stunden nichts gegessen hatte, schmeckte mir das Frühstück im Flugzeug besonders gut.

Ungefähr vier Wochen später sah ich zu Hause zusammen mit meiner Frau die Abendnachrichten im Fernsehen. Unter anderem gab es einen Bericht aus Italien. Dieser Bericht zeigte den damaligen Papst Johannes, der bei einem Besuch im Hafen von Fano die Fischerboote segnete. Zum Abschluss seines Besuchs in Fano gab es ein Festbankett natürlich mit lokalem Fisch. Das Lokal und die Wirtin habe ich sofort wiedererkannt. Dem Papst hat es offensichtlich geschmeckt.

Fazit: Man sollte sich nicht unbedingt auf Gourmets verlassen.

## Auftragskoordination in Mailand

Vor einiger Zeit empfing meine frühere Firma einen Auftrag für Schiffsverlader zum Entladen von LPG und verflüssigtem Ammoniak (NH3) von einer internationalen Ingenieur- und Baugesellschaft, die sich in Mailand befand. Der Endbenutzer war ein Kunde in Bahrain, und der technische Berater des Betreibers war eine bekannte deutsche Ingenieurgesellschaft mit Sitz in Dortmund.

Wie üblich flog ich um 20.00 Uhr nach einem normalen Arbeitstag in meinem Büro vom Düsseldorfer Flughafen. Ich sollte eigentlich nach Linate, dem Stadtflughafen von Mailand, reisen und hatte gehofft, mein Hotel bis 23.00 Uhr zu erreichen, um noch eine volle Nacht schlafen zu können. Die Wetterbedingungen in Linate ermöglichten leider keine Landung, erst nachdem wir mehr als eine Stunde über Mailand kreisten, setzten wir schließlich im Flughafen Malpensa auf. Um 1.00 Uhr morgens lag ich endlich in meinem Bett.

Den nächsten Morgen begannen wir mit der Besprechung wie geplant um 9.00 Uhr und arbeiteten durch die Mittagspause bis 18.00 Uhr, gerade noch rechtzeitig, um meinen Rückflug um 20.00 Uhr zu erreichen. Auf

diese Weise war ich am nächsten Morgen um 8.00 Uhr pünktlich zurück im Büro.

Ich hatte bis zu dieser Zeit angenommen, dass die Art, wie meine Firma arbeitete, der übliche Weg in meiner Branche war. Bald lernte ich jedoch, dass nicht alle Gesellschaften auf dieselbe Weise arbeiteten. Als ich mit dem deutschen Berater während einer kurzen Kaffeepause redete, erzählte er mir Folgendes.

Er hatte Deutschland am Morgen des Vortages verlassen und sein Hotel in Mailand um die Mittagszeit herum erreicht. Dies ermöglichte ihm, einen Sitzplatz für die Abendvorstellung im berühmten Mailänder Opernhaus, der Scala, zu buchen. Er musste am Abend auch nicht zum Flughafen eilen. Er reiste am nächsten Tag mit einem Flug am Nachmittag ab und kehrte direkt nach Hause zurück, bevor er den folgenden Tag ins Büro ging. Effektiv hatte die Besprechung mich nur einen Tag gekostet, während er volle drei Tage benötigte.

Natürlich ist dieser Modus operandi heute nicht mehr akzeptabel. Jene größeren, etablierten Firmen, die diesen Weg fortsetzten, hatten sich bald selbst aus dem Markt herauskatapultiert.

Das Obengenannte ist auch ein guter Grund, warum sich neue Angestellte von einer kleinen Firma im Allgemeinen besser in ein größeres Unternehmen integrieren als umgekehrt. Ich habe oft die Erfahrung gemacht, dass »Selbst-Starter« von kleineren Organisationen kommen, wo sie gewohnt waren, mehr Verantwortung zu tragen.

Fazit: »Wir sind alle gleich, aber manche sind gleicher«, jedoch nicht viel länger.

## Genua – Hafenbar

Wie bereits geschrieben halte ich die italienische Küche für eine der besten der Welt. Vor Jahren wurde ich zu einer Vorbesprechung in Genua, eine der größten Hafenstädte in Italien, gerufen. Alle Schiffsverladeanlagen in diesem Hafen waren veraltet, und die zuständigen Gremien hatten beschlossen, sie zu erneuern, mit der neuesten Technik. Dies war ein Projekt in einem Umfang von über 20 Millionen Dollar, und ein ausländischer Lieferant würde normalerweise überhaupt keine Chance haben, einen solchen Auftrag in Italien zu erhalten, da die bekannten italienischen Netze (wie die Mafia) dabei mitmischen würden. In diesem Fall versicherte mir mein Agent, dass einflussreiche Politiker auf unserer Seite waren, und deshalb beschloss ich, einen Versuch zu wagen.

Um 9.30 Uhr trafen wir den Hafenmeister und seinen Stab zu einer Führung, um die Hafeneinrichtungen zu sehen und selbst etwaige Haken an diesem Projekt wahrzunehmen. Es war eine wirklich beeindruckende Tour, und ich war sicher, dass wir genau die Produkte hatten, die der Kunde brauchte. Auf einer Tour in ihrem Lagerhaus jedoch begann ich zu zweifeln. Der Kunde hatte Ersatzteile im Wert von Millionen von Dollar für die vorhandene Installation, die völlig unbrauchbar waren. Jemand hatte ihnen diese Teile nur verkauft, um Geld zu machen, und ich vermutete, dass irgendjemand bestochen worden war.

Um 11.30 Uhr kehrten wir zum Büro des Hafenmeisters zurück. Er lud uns zum Mittagessen in ein Restaurant nahe Portofino ein. Vorher jedoch bot er Aperitifs an. Ich konnte keinerlei Getränke in seinem Büro sehen und fragte mich, woher er sie bekommen würde. Sein Assistent klärte mein Rätseln. Die ganze Wand hinter dem Schreibtisch des Hafenmeisters war ein Schiebebücherregal. Nachdem es geöffnet war, sah ich die wohl am umfassendsten ausgestattete Bar, die ich jemals gesehen hatte. Der Assistent war offensichtlich auch ein gewerbsmäßiger Barkeeper, denn im Nu mischte er die gewünschten Getränke – in meinem Fall einen Campari-Orange.

Am Mittag fuhren wir zum Restaurant, und ich war beeindruckt. Es stellte sich heraus, dass es ein Essen mit etwa zwölf Gängen war und jeder Gang von einem anderen geeigneten Wein begleitet wurde. Nach diesem umfassenden Mittagessen wurden wir im benachbarten Grappa-Zimmer zu Espresso, Zigarren und Grappa eingeladen. An drei Wänden des Zimmers wurden in Glasschaukästen vom Boden bis zur Decke 250 verschiedene Sorten Grappa aufbewahrt! Sie waren nach Geschmacksrichtung geordnet, von weich bis sehr stark. Nach dem Probieren einiger war ich sicher, dass der Besuch es wert gewesen war, unabhängig vom Ausgang unseres Angebotes. Wir eilten zum Flughafen zurück, gerade noch rechtzeitig für unseren Rückflug.

Es kam, wie ich erwartet hatte. Unsere geschäftlichen Verbindungen waren nicht gut genug. Unser italienischer Konkurrent – in der Zwischenzeit nicht mehr im Geschäft – erhielt den Auftrag trotz der Tatsache, dass er die technischen Spezifikationen des Kunden nicht erfüllen konnte. Er muss jedoch einigen anderen Erwartungen entsprochen haben, nehme ich an.

Fazit: Sie können nicht alle Aufträge gewinnen, aber Sie können immer das Beste daraus machen.

## Mamma Mia in Ostia

Vor einiger Zeit hatte ich Besprechungen in Rom mit einer internationalen Technik- und Baugesellschaft für ein Projekt in Ägypten. Mein Agent kam für die Besprechung aus Mailand nach Rom. Als selbst ernannter Feinschmecker bestand er darauf, dass es in ganz Rom kein Fischrestaurant gab, das seinen Standards genügte. Ich hielt das für übertrieben, aber wer war ich, um mit ihm über italienisches Essen zu streiten.

Wir setzten uns also ins Auto, um zum Badeort Ostia zu reisen, was das nächste Seebad von Rom und zirka 30 Kilometer oder eine Stunde vom Stadtzentrum entfernt ist. Laut seiner Information war das beste Meeresfrüchterestaurant in Ostia zu dieser Zeit das Mamma Mia direkt am Strand. Es dauerte eine Weile, es zu finden, und wir betraten es mit hohen Erwartungen. Es war ein Top-Restaurant mit stilvollen Möbeln, gestärkter weißer Tischwäsche und Kellnern, die Livree trugen. Es brauchte einige Überredungskunst, um einen Tisch zu bekommen, da wir keine Reservierungen gemacht hatten.

Mein Agent Signore Bonifante begann eine lange Diskussion mit dem Oberkellner auf italienisch bezüglich der Auswahl an Fischen. Nach einer Weile schienen sie einer Meinung zu sein. Der Kellner verschwand und kehrte mit einer silbernen Platte zurück, auf der eine Auswahl von Fischen lag. Obwohl ich kein Italienisch verstand, war es offensichtlich, dass Bonifante keinen einzigen von jenen Fischen mochte. Der Kellner verschwand wieder und kehrte mit einer anderen Auswahl an Fisch zurück, mit dem gleichen Ergebnis.

Das Gespräch wurde lauter, und der Kellner schien ärgerlich zu werden. Als er zurückkehrte, konnte ich meinen Augen nicht trauen. Er trug eine mit Eis und Fisch gefüllte Holzkiste. Eiswasser tropfte aus der Kiste auf den Teppich und auf die Tischdecke, als er uns die Kiste auf den Tisch stellte. Bonifante wurde darum gebeten, seine eigene Auswahl zu treffen. Er ergriff in der Kiste einen Fisch und hielt ihn für eine nähere Inspektion hoch, aber die ersten zwei oder drei waren immer noch nicht nach seinem Geschmack. Schließlich nahm er zwei Exemplare, die er für angemessen betrachtete. Zu dieser Zeit waren die Ärmel seines Sakkos schon durchnässt und Wasser tropfte überall. Ich sah mich etwas verlegen um. Die anderen Gäste sahen uns an. Ich glaube, dass keiner von ihnen jemals zuvor in diesem Restaurant so etwas gesehen hatte. Der Kellner brachte unsere Auswahl zur Küche, entfernte die Kiste vom Tisch und tauschte die Tischwäsche.

Endlich konnten wir unseren Aperitif genießen und uns niederlassen. Bald wurde unser Essen auch serviert, und ich muss zugeben, dass es außergewöhnlich war. Nach dem Nachtisch kam die Eigentümerin des Restaurants zu unserem Tisch. Sie redete mit Bonifante auf Italienisch und obwohl sich die zwei nie zuvor getroffen hatten, dauerte es nur eine Minute, bevor sie einander herzhaft umarmten. Ich weiß nicht, was mein Agent gesagt hatte, aber es war offensichtlich, dass sie Freunde fürs Leben geworden waren. Jetzt bestellte die Wirtin auf Kosten des Hauses bei ihrem Oberkellner eine Runde von ihrem besten Grappa. Wir prosteten ihr zu und es gab für alle Küsse von Mamma.

Ich war verblüfft. Ich hatte erwartet, dass wir aus dem Lokal herausgeworfen würden wegen schlechten Benehmens, aber stattdessen waren wir VIP-Gäste geworden.

Fazit: Versuchen Sie nicht einmal zu verstehen, wie andere Völker ticken. Seien Sie nur flexibel.

# Rumänien

## Mein letzter Arbeitstag

Aus heutiger Sicht völlig unverständlich, befand ich mich auch noch am letzten Arbeitstag auf Geschäftsreise. Ich hatte über einen neuen Kontakt aus Rumänien von einem Bedarfsfall für Schiffsverlader im Hafen von Konstanza gehört. Es handelte sich um ein interessantes Projekt und ich wollte auch in Rumänien mit unserer Technologie Fuß fassen.

Mein letzter Arbeitstag war Donnerstag, der 30. Juni 2005, und ich hatte eine Auftragsverhandlung am 29. Juni in Konstanza. Die Verhandlung lief gut und am Spätnachmittag konnten wir nach Bukarest zurückfahren, um am nächsten Tag zurückzufliegen. Ich kam in meinem Büro gegen 17.00 Uhr an und übergab den Auftrag mit allen Unterlagen meinem Nachfolger. Der hatte natürlich auch noch jede Menge andere Punkte zu besprechen, sodass ich die Firma erst gegen 19.00 Uhr verlassen konnte.

Als ich zu Hause ankam, war es schon 20.00 Uhr und ein Kollege wartete bereits auf mich oder vielmehr auf meinen Firmenwagen, um diesen am nächsten Morgen an die Firma zu überführen.

Als der Neukunde mich in der folgenden Woche in der Firma anrufen wollte, war er sehr erstaunt, als er hörte, ich sei in Ruhestand gegangen. Trotzdem, auch ohne mich wurde der Auftrag zur vollen Zufriedenheit des Kunden abgewickelt.

Fazit: Wir sind alle ersetzbar!

*Vorletzter Arbeitstag in Constanza, Rumänien am 29. Juni 2005*

# Spanien

## Auftragsverhandlungen in Barcelona

Vor einiger Zeit benötigte eine große spanische Energiegesellschaft Geräte für das Entladen des verflüssigten Erdgases (Liquefied Natural Gas) von Tankern, die dieses LNG aus Libyen und Algerien lieferten. Ich hatte die Verantwortlichen in Deutschland bereits getroffen und hatte ihnen ähnliche Geräte unserer Firma im Betrieb gezeigt. Sie versicherten mir, dass sie davon überzeugt waren, dass unsere Firma genau das richtige Produkt für sie hatte, und luden mich nach Barcelona zur Klärung unseres Angebotes und zu Preisverhandlungen ein.

Zu dieser Zeit arbeitete ein Ingenieur in unserer Firma, der in Argentinien aufgewachsen war und fließend Spanisch sprach. Er hatte deutsche Eltern und einen deutschen Namen und hatte Elektrotechnik in Deutschland studiert, sodass er zweisprachig war.

Meine Idee war, ihn für die Besprechung mitzunehmen (die auf Englisch geführt wurde), damit er den spanischen Gesprächen unserer Kunden folgen konnte, ohne dass diese wussten, dass er sie verstand. Auf diese Weise hofften wir, Hintergrundinformationen bekommen, die helfen würden, den bestmöglichen Preis zu erzielen.

Wir begannen mit der Besprechung, und die Kunden berieten sich bald untereinander in ihrer eigenen Sprache. Ich sah meinen Partner an und fragte ihn diskret, ob er irgendetwas Interessantes gehört hatte. Sein Gesicht blieb jedoch ausdruckslos. »Ich kann kein Wort von dem verstehen, wovon sie sprechen«, berichtete er. »Sie reden nicht spanisch, sondern katalanisch!«

Mein angeblich so schlauer Plan war fehlgeschlagen. Schließlich bekamen wir doch noch den Auftrag nach einer schweren Verhandlung, aber nicht zu dem Preis, den ich er-

hofft hatte. Ich fand später heraus, dass die Katalanen sowieso einen Ruf als sehr schlaue Geschäftsleute haben.

Fazit: Vergewissern Sie sich, dass Sie im Vorfeld jede Möglichkeit berücksichtigt haben. Nur die beste Vorbereitung kann ein Schlüssel zu Erfolg sein.

# Schweiz

## Genf – unorthodoxe Schweizer Kundenbeziehungen

Vor einigen Jahren rief mich eine Schweizer Ingenieurfirma, die in der Nähe von Genf ihren Sitz hatte. Sie boten einen Auftrag an für ein Projekt im Hafen von Al-Aqabah in Jordanien, das Schiffsverlader für Öl erforderte.

Mein Geschäftsführer und ich hatten in dieser Woche eine Besprechung in Paris und beschlossen, nach Deutschland über Genf zurückzukehren und diesen potenziellen Kunden zu treffen. Wir kamen am frühen Abend in Genf an und buchten Zimmer in einem kleinen Hotel in der Genfer Innenstadt. Es sah etwas heruntergekommen aus, war aber gut genug für einen Aufenthalt von einer Nacht. Wir buchten ein Mietauto, um am nächsten Morgen zum Kunden zu fahren, der sich etwa 30 Kilometer von Genf auf der anderen Seite des Genfer Sees befand.

Nach dem Einchecken ins Hotel machten wir einen Spaziergang, um die Stadt zu erkunden, und hatten ein vergnügliches Abendessen in einem Restaurant, von dem man den Genfer See überblickte. Wir kehrten um ungefähr 23.00 Uhr ins Hotel zurück und beschlossen, einen letzten Drink an der Bar, die sich im Erdgeschoss befand, zu nehmen. Die Bar war nicht gerade eine Topadresse und fast leer. Außer dem Wirt gab es nur einen einzelnen Kunden an der Theke, der aussah, als ob er nicht beim Trinken seines ersten Bieres wäre.

Unsere Kenntnisse der französischen Sprache waren nicht sehr gut, aber wir verstanden, dass der Wirt diesen Kunden darum bat zu zahlen, bevor er ihm ein weiteres Getränk servieren würde. Der Kunde antwortete, dass er kein Geld hätte und nicht zahlen könne. Bevor wir richtig verstanden hatten, was er gesagt hatte, lehnte sich der Wirt über den Tresen und gab dem Gast links und rechts eine kräftige Ohrfeige. Die Wangen des Kunden begannen zu glühen.

»Ach«, sagte der, »ich habe gerade einen 50-Franc-Schein in meiner Tasche gefunden – ist das o.k.?« »Das ist gut«, antwortete der Wirt und gab das Wechselgeld zurück. »Kann ich noch ein Bier haben?«, fragte der Kunde. »Kein Problem«, antwortete der Wirt und gab ihm ein neues Bier über den Tresen. Sie setzten ihr Gespräch auf Französisch fort, als ob nichts geschehen wäre.

Mein Geschäftsführer und ich sahen uns zweifelnd an. Träumten wir

schon? In jedem Fall tranken wir ziemlich schnell aus und beglichen die Rechnung ohne Zögern. Sicher hätte deren Begegnung in Deutschland andere Folgen gehabt und der Wirt wäre nach einigen Monaten wahrscheinlich vor dem Gericht gelandet. Dies war offensichtlich eine viel effizientere Art, solche Angelegenheiten schnell zu entscheiden. Jetzt verstehe ich, warum die Schweizer für ihre Effizienz so gut bekannt sind.

Fazit: Seien Sie darauf vorbereitet, jeden Tag etwas Neues zu erleben.

# Türkei

## Eine weitere aufregende Reise

Im Jahr 2000 hatten wir einem großen türkischen Stahl- und Energiekonzern Schiffsverlader für flüssiges Erdgas angeboten. Da dies unser erster Kontakt mit diesem Unternehmen war, beschloss ich, ihre Zentrale in Istanbul zu besuchen, um ihnen eine Präsentation unseres Unternehmens im Allgemeinen und eine detaillierte technische Erklärung unseres Angebots zu geben.

Wir wurden mit Interesse empfangen und gebeten, ihre Baustelle nahe Izmir zu besuchen, um sicherzustellen, dass wir keine speziellen Anforderungen übersehen hatten. Wir hatten eine interessante Besprechung mit dem Baustellenleiter und es gelang uns, einige Dinge zu klären.

Wir kehrten nach Istanbul zurück und versuchten, eine zweite Besprechung zu arrangieren, hatten aber keinen Erfolg. Den folgenden Tag musste ich nach Saudi-Arabien für eine andere Auftragsklärung und wir entschieden, dass wir auf dem Weg zum Flughafen einen unangemeldeten Besuch bei unserem Kunden machen würden, um mehr herauszufinden über unsere Chancen, einen Auftrag zu erhalten. Unser türkischer Agent riet vehement von diesem Verfahren ab, da dies in der Türkei nicht Etikette war.

Mein Geschäftsführer und ich ließen unser Gepäck im Empfang des Unternehmens und baten darum, den Direktor des Projekteinkaufs zu sehen, den wir zuvor getroffen hatten. Nach einer langen Zeit wurden wir nach oben gebeten und zu unserem Erstaunen trafen wir nicht nur den Einkaufsdirektor, sondern auch den Vorstandsvorsitzenden. Der Vorstandsvorsitzende sagte uns, dass unser Konkurrent ihn mit täglichen Telefonanrufen genervt und ihn gewarnt hatte, von unserem Unternehmen zu kaufen. Weiterhin hatten sie ihm gesagt, egal welchen Preis wir machen würden – sie könnten unseren Preis unterbieten. Dies hatte ihn so sehr geärgert, dass er vorschlug, uns den Auftrag ohne weitere Verhandlung zu einem gewissen Preis zu geben, von dem er annahm, dass er angemessen war.

Nach einer kurzen internen Beratung mit meinem Geschäftsführer akzeptierte ich, und wir besiegelten den Handel mit einem Handschlag. Mein Geschäftsführer musste nach Deutschland zurückfliegen und ließ sich zum Flughafen bringen.

Jetzt bestanden sie darauf, den Vertrag abzuschließen und zu unterschreiben. Seite für Seite wurde dieser von beiden Parteien überprüft und wo erforderlich geändert und unterschrieben.

Der Vertrag umfasste gut über 100 Seiten, und die Zeit wurde knapp, um meinen Flug Istanbul-Ankara-Adana-Jeddah noch zu erreichen.

Unser Kunde versuchte, mich zu beruhigen. Sie hatten mein Gepäck in den Mercedes Benz des Vorstandsvorsitzenden geladen und der Fahrer wartete nur darauf, mich auf schnellstem Wege zum Flughafen zu bringen. Wir starteten etwas über eine Stunde vor Abflug, steckten aber sofort im üblichen Istanbuler Stau.

Etwa 45 Minuten vor Abflug kam ich im Terminal für Inlandsflüge der Turkish Airline an. Sie überprüften mein Flugticket und sagten mir, dass der Flug vom internationalen Terminal gehen würde. Ich musste ein Taxi

nehmen, um mich zu diesem Terminal bringen zu lassen, und kam am richtigen Schalter 15 Minuten vor Abflug an. Glücklicherweise hatten die Mitarbeiter für Inlandsflüge ihren Kollegen meine späte Ankunft angekündigt. Ich überreichte meinen Pass und das Flugticket, man gab mir eine Bordkarte und brachte mich zum Flugzeug. Die Türen schlossen und wir hoben ab. Als ich versuchte, meine Papiere zu ordnen, konnte ich weder meinen Reisepass noch mein Flugticket finden – ich merkte, dass ich sie am Schalter zurückgelassen haben musste.

Ich erzählte dem Flugassistenten von meinem Verlust, und er sagte, dass sie den Istanbuler Flughafen kontaktieren und das Problem lösen würden. Nach meiner Ankunft in Ankara wurde ich zur Business Class Lounge der Turkish Airways gebracht und und über das weitere Vorgehen informiert. Die Papiere wären in Istanbul gefunden worden und auf einem direkten Flug nach Adana. Dieser Flug würde 15 Minuten vor meinem Flug Ankara-Adana ankommen und in Adana würde mir ein Mitarbeiter von Turkish Airways die Papiere überreichen. Ich flog nach Adana mit einem unguten Gefühl.

Es war für mich wie Weihnachten und Ostern zusammen, als ich meinen Reisepass und mein Flugticket wieder in den Händen hielt. Im Nachhinein war diese Aufregung völlig unnötig gewesen. Aber besser wäre gewesen, meine Sekretärin hätte mich einfach auf den Istanbul-Adana-Flug gebucht, ohne Umweg über Ankara. Warum der Flug Istanbul-Ankara vom internationalen Terminal abflog, ist immer noch ein Geheimnis.

Fazit: Ein Dank an Turkish Airlines für ihren ausgezeichneten Service.

# Vereinigtes Königreich

## Der große Knall

Ursprünglich befasste ich mich mit der Entwicklung von speziellen Werkzeugmaschinen. Als ich in England war, hatte es die Werkzeugmaschinenindustrie jedoch sehr schwer und ich wechselte zu einer Firma, die sich mit der Herstellung von Anlagen für Ölfeld-Erschließungen und Schiffsverladern befasste.

Meine erste Aufgabe war ein Projekt für ein spezielles Beladegerät für Abwasser. Keiner meiner Kollegen war begierig darauf gewesen, diese Aufgabe anzugehen, sie war im Konstruktionsbüro einfach liegen geblieben, bis ich auftauchte.

Grundsätzlich sollte diese Anlage rohes Abwasser in Kähne laden, die die Last ins irische Meer zwischen Schottland und Nordirland verklappen würden. Die maximale Umschlagsrate durch die Vier-mal-16-Zoll-Rohrsysteme der Anlage waren erstaunliche 5000 Tonnen pro Stunde. Die Rohre wurden mit elektrischen Winden in einer Stahlkonstruktion angehoben und gesenkt. Durch die hohe Viskosität des Produktes kamen Kolbenpumpen zum Einsatz.

Dieses Gerät war das erste seiner Art, und meine Kollegen beobachteten argwöhnisch, wie ich dieses Projekt anging. Die Anlage wurde zur Probe im Hof unserer Firma errichtet und dann an den Hafen einer schottischen Großstadt ausgeliefert und montiert.

Etwa sechs Wochen später erhielt unsere Firma einen aufgeregten Telefonanruf von dieser Stadt, die forderte, dass der Konstrukteur ihrer Anlage sofort nach Schottland kommen sollte. Anscheinend vibrierte die ganze Struktur während der Ladung heftig, und man befürchtete, dass dieser Zustand gefährlich und unsicher war.

Ich war immer noch in meiner Probezeit in meiner neuen Firma und sorgte mich um meine Weiterbeschäftigung. Als ich zum Standort zusammen mit einem unserer Monteure kam, war alles für eine Demonstration bereit. Die vier Rohre wurden in die Luken des Kahnes gesenkt. Mit dem Pumpen wurde begonnen. Es erschien mir wie eine Ewigkeit, in der nichts geschah. Plötzlich schossen vier 16-Zoll-Würste aus den Rohren. Der Rückstoß erschütterte den Stahlbau dermaßen, dass ich befürchtete, die Halteseile würden aus den Seilrollen springen.

»Halt! Halt!«, schrie ich. Was war genau geschehen? Die neuen Anlagen waren nicht in regelmäßigem Betrieb, sondern nur, wenn die Abwassermenge die Kapazität des lokalen Klärwerks überschritt. Deshalb war sie etwa vier Wochen mit vollen Rohren außer Betrieb gewesen. Der Rohrinhalt war in dieser Zeit praktisch eingetrocknet. Nur der enorme Druck der Pumpen konnte ihn herauspressen mit dem Resultat, das wir gesehen hatten.

Ich erklärte den Betreibern, dass die Ausrüstung nie für solche Bedingungen ausgelegt worden war. Nach jeder Verwendung sollten sie sie mit Wasser ausspülen und im leeren Zustand in Ruhestellung bringen. Das verstanden sie jetzt und stimmten zu. Beim Mittagessen amüsierten wir uns darüber noch. Wir waren jetzt alle wieder zufrieden und ich konnte mein Gesicht auch wieder in meinem Büro zeigen. Der Kunde stimmte zudem zu, unsere Kosten für diese Reise zu bezahlen.

Fazit: Geraten Sie nicht in Panik, wenn der Kunde etwas beanstandet. Analysieren Sie die Beanstandung zuerst. Betrachten Sie jede Beanstandung als eine Chance, den Kunden zufrieden zu stellen.

## Abenteuerliches Autofahren in England

Nach einem langen Aufenthalt im Vereinigten Königreich von 1966 bis 1981 kehrte ich aus professionellen Gründen nach Deutschland zurück. Meine neue Firma produzierte ein innovatives Spitzenprodukt, aber nur für den deutschen Inlandsmarkt mit wenig Erfahrung im internationalen Marketing. Dies war mein neues Aufgabengebiet. Daher waren meine ersten Aktivitäten, das Geschäft im Vereinigten Königreich mit zukünftigen Kunden wie Öl- und Gasgesellschaften, Chemiegesellschaften, aber auch mit internationalen Ingenieurgesellschaften aufzubauen.

Dies war der Grund, warum ich häufig ins Vereinigte Königreich reiste. Auf einer Reise begleitete mich mein Geschäftsführer, da er auf meine Aktivitäten dort neugierig war und die neuen zukünftigen Kunden selbst treffen wollte. Auf dieser speziellen Reise blieben wir eine Woche und besuchten nur Kunden im Großraum London.

Mein Chef bestand darauf, ein Auto zu mieten, obwohl ich ihm sagte, dass wir besser dran wären, öffentliche Verkehrsmittel in London zu nutzen. Er unterschrieb einen Vertrag mit einer Autovermietung im Flughafen Heathrow, und ein Transferbus brachte uns zum Gelände, wo wir das Auto in Empfang nehmen konnten. Auf dieser kurzen Reise überkamen meinen

Chef Zweifel und er bat mich zu fahren, da er nicht daran gewöhnt sei, auf »der falschen Seite« der Straße zu fahren. Zu diesem Zeitpunkt war mir nicht bewusst, dass ich als Fahrer dieses Autos nicht versichert war und im Falle eines Unfalls in echten Schwierigkeiten wäre.

Die Reise wurde zum Albtraum aufgrund der endlosen Staus und der Parkprobleme in der Stadt, so dass unser Zeitplan total durcheinander geriet. Ich war Freitagnachmittag sehr froh, nach Heathrow zurückzufahren. Wir kamen leider sehr spät an und ich hätte meinen Flug nach Düsseldorf verpasst, wenn ich das Auto selbst zurückgegeben hätte. Mein Chef hatte einen späteren Flug nach Berlin, und ich bat ihn deshalb, das Auto an die Autovermietung zurückzugeben, nachdem ich an meinem Terminal in Heathrow ausstieg.

Einige Wochen später fragte die Chefsekretärin mich nach »unserem Autounfall im Vereinigten Königreich«. Sie hatte einen Brief von einer Versicherungsgesellschaft erhalten, die Anspruch auf eine enorme Geldsumme erhob, da das Mietauto einen Totalschaden hatte.

Anscheinend war Folgendes geschehen: Als mein Chef den Terminal in Heathrow verließ, um zur Autovermietung zu fahren, kam er an eine Straßengabelung. Er konnte sich nicht entscheiden, ob er rechts oder links fahren sollte, und fuhr mit voller Geschwindigkeit auf den Bordstein in der Mitte. Da dieser ziemlich hoch war, riss er die vordere Achse und die Motorölwanne ab. Das Auto hatte Totalschaden.

Mein Chef hatte gehofft, dies verheimlichen zu können, und als er es mir schließlich gestand, schaute er ziemlich verlegen. Von dieser Zeit an hatte er jegliches Interesse am Vereinigten Königreich verloren und fortan reiste ich alleine.

## Flugabenteuer – Landung in Sullom Voe

Ich arbeitete längere Zeit in Sullom Voe auf den Shetlandinseln.

Dorthin zu kommen war von Manchester aus nicht so leicht. Ich musste einem planmäßigen British-Airways-Flug von Manchester nach Glasgow mit einem Düsenflugzeug nehmen. Von Glasgow war es noch ein zweistündiger Flug mit dem firmeneigenen Turbo-Prop-Flugzeug nach Sullom Voe.

Das Wetter auf den Shetlandinseln war notorisch unbeständig. Ich erinnere mich daran, dass bei einem Anflug der Pilot fünf Landungen nur Sekunden vor dem Aufsetzen abbrechen musste, aufgrund starker Windböen. Zu diesem Zeitpunkt waren einige der 44 Passagiere schon in Ohnmacht gefallen und hatten zuvor ihre »Kotzbeutel« gebraucht. Bei einem erneuten Versuch kam das Flugzeug herein und setzte richtig hart auf, ohne überhaupt zu rollen. Der Gegenwind war genau so groß wie die Landegeschwindigkeit gewesen, was eine senkrechte Landung ermöglicht hatte!

## Gin und Tonic können gefährlich sein

In den frühen Achtzigern zerfiel das Monopol der staatseigenen Fluggesellschaften in Großbritannien. Plötzlich konkurrierten private Fluggesellschaften auf Inlandsstrecken mit Service und Preisen, die zuvor bei British Airways undenkbar gewesen wären.

Auf einem Flug von Teesside nach London-Heathrow mit einer dieser neuen Fluggesellschaften sammelte ich ganz neue Erfahrungen. Auf diesem kurzen Flug bot die Fluggesellschaft vollen Service mit warmen Mahlzeiten und Gratisgetränken sogar in der Touristenklasse an. Es war um die Mittagszeit herum und das Flugzeug war nur halb voll, was den Service noch weiter verbesserte.

Ich reiste zusammen mit meinem englischen Vertreter Cliff, der einen Fensterplatz hatte, während ich im Gangplatz neben ihm saß. Nachdem wir in der Luft waren, bestellten wir zunächst Gin Tonic als Aperitif. Noch vor dem Erreichen der Reiseflughöhe brachte uns die Flugbegleiterin, eine hübsche Frau die Getränke in Form von Miniaturflaschen mit Gin und Dosen mit Tonicwater sowie mit Eiswürfeln gefüllten Plastikbechern. Cliff und ich zogen unsere Klapptische herunter und gossen den Gin in die Becher. Während seines Steigflugs vibrierte das Flugzeug ziemlich heftig, der Becher von Cliff kippte über die Tischkante und der ganze Inhalt ergoss sich auf seine Hose.

Er rief die Flugbegleiterin wegen eines Handtuchs, aber sie beschloss, seine Hose mit dem Handtuch persönlich durch Betupfen zu trocknen. Dies bedeutete, dass sie sich über mich und Cliff beugen musste, um seine Beinkleid zu erreichen. Ich sah mich um und bemerkte, dass einige Passagiere mit Staunen diese Szene betrachteten. Sie überließ Cliff ein trockenes Handtuch, um seine befleckte Hose zu bedecken, und servierte ihm einen neuen Becher mit Eiswürfeln und Gin.

Jetzt öffnete Cliff seine Dose Tonic. Diese musste unter enormem Druck gestanden haben, da sie ihren ganzen Inhalt in einer Fontäne bis zu den

Gepäckfächern an der Decke versprühte. Von dort regnete es auf Cliff herunter, so dass er von oben bis unten mit dieser klebrigen Flüssigkeit imprägniert wurde. Gelächter begann sich in der Kabine auszubreiten. Die aufmerksame Flugbegleiterin tauchte mit einem Satz frischer Handtücher wieder auf. Daraufhin setzte ich mich auf die andere Seite des Gangs von Cliff weg und leugnete, ihn jemals gekannt zu haben.

Der weitere Flug war ziemlich ereignislos. Natürlich hatte Cliff keine Kleidung zum Wechseln dabei, sodass auf unseren Terminen in London das erste Thema immer seine ein wenig unkonventionelle Erscheinung war.

Fazit: Geraten Sie nicht in Panik. Es geschieht, wenn es geschieht!

## Sullom Voe Öl- und Gasexportterminal

**1980** baute British Petroleum (BP) ein riesiges Öl- und Gasterminal in Sullom Voe auf der Hauptinsel der Shetlandinseln für das Exportieren der von ihren Nordsee-Öl- und -Gasfeldern angelandeten Produkte. Der Standort war nahe dem Polarkreis ungefähr so weit nordwärts wie Bergen in Norwegen, sodass in der Sommerzeit die Nacht nur eine Stunde dauerte.

Unsere Firma hatte den Auftrag für die Schiffsverlader für die Öl- und Gastanker. Normalerweise wäre ich als Produktmanager der Firma nicht selbst auf die Baustelle gegangen, aber in diesem Fall aufgrund einer Erkrankung des verantwortlichen Chefmonteurs, um die Errichtung und Inbetriebnahme unserer Ladearme und der zugehörigen Kontrollsysteme zu beaufsichtigen. Dieser ganze Auftrag dauerte vom frühen Mai bis Ende Oktober und erwies sich als eine sehr interessante Erfahrung für mich.

Zu dieser Zeit waren dort etwa 8000 Personen auf der Baustelle, beinahe so viele wie die ganze lokale Bevölkerung auf den Shetlandinseln. Das Personal wohnte in zwei Lagern und auf einem angemieteten Kreuzfahrtschiff, das direkt neben der Baustelle vor Anker lag.

BP war der Endkunde (Betreiber), aber Foster Wheeler (FW) war der Hauptauftragnehmer mit Dutzenden Unterauftragnehmern für die verschiedenen Disziplinen. Die meisten Arbeiter kamen damals aus unterprivilegierten Regionen des Vereinigten Königreichs wie Liverpool, Newcastle, Belfast und Glasgow und sprachen sehr starke regionale Dialekte.

Am Anfang hatte ich wirklich Schwierigkeiten, mit diesen rauen Burschen zu kommunizieren, und es dauerte ein paar Tage, bevor meine Autorität akzeptiert wurde, besonders da ich ein Ausländer war und – noch schlimmer – ein »verdammter Deutscher« dazu.

Als Bauaufsicht durfte ich weder Werkzeuge berühren, noch irgendeine Arbeit selbst machen – dies wäre völlig gegen die Regeln der Gewerkschaften gewesen und hätte einen Streik verursachen können. Ich durfte nur die verschiedenen Aktivitäten organisieren und koordinieren. Dies konnte vier oder fünf verschiedene Firmen für Rohrschlosser, Elektriker, Hydrauliker, Gerüstbauer oder Kranfahrer betreffen. Da alle diese Firmen verschiedene Arbeitsstunden und Teepausen hatten, gab es manchmal nur ein Fenster von einer Stunde pro Tag, in dem ich alle diese Leute zusammen haben konnte. Wenn dieses Fenster verpasst war, musste die Aufgabe bis zum nächsten Tag verschoben werden.

Dies war manchmal sehr frustrierend. Bald jedoch stellte ich fest, dass eine Methode den nötigen Druck brachte, um die betroffenen Leute zu motivieren. Ich hörte auf, direkt mit ihnen zu kommunizieren, um die Arbeit zu organisieren. Ich tat dieses nur mittels eines Funkgerätes. Ich hatte herausgefunden, dass all diese Kommunikationen vom obersten BP-Management vor Ort und von Foster Wheeler überwacht wurden, der Firma, die mich auf die Baustelle gerufen hatte. War jemand zu spät, dann fragte ich über Funk nach deren Verbleib. Sofort erschienen daraufhin die BP- und FW-Manager auf der Baustelle und tadelten die jeweiligen Vorarbeiter.

Um zu oder von dem Standort zu kommen, hatte FW einige Turbo-Prop-Flugzeuge mit 44 Sitzplätzen gemietet und diese flogen nach und von Glasgow zu einem kleinen Flugplatz neben dem Standort. Die meisten Bauarbeiter arbeiteten drei Wochen vor Ort (sieben Tage pro Woche) und hatten dann eine Woche frei.

Um mit 8000 Menschen umzugehen, waren die Flüge immer komplett ausgebucht. Wenn jemand sich ungebührlich betrug oder in eine Schlägerei verwickelt war, würden sie sofort von der Insel ausgeflogen. Zurückzukommen war schwierig und mit erheblichen Kosten verbunden. Auf diese Weise wurden die Arbeiter ziemlich gut unter Kontrolle gehalten. Nach einer Weile hatte ich mich an diesen Modus operandi gewöhnt, aber der Fortschritt zeigte sich nur sehr langsam, nicht zuletzt aufgrund der häufig schlechten Wetterbedingungen.

Bei Inbetriebnahme des hydraulischen Kontrollsystems traten unerklärliche Probleme auf, und ich musste den Spezialisten des Unterlieferanten

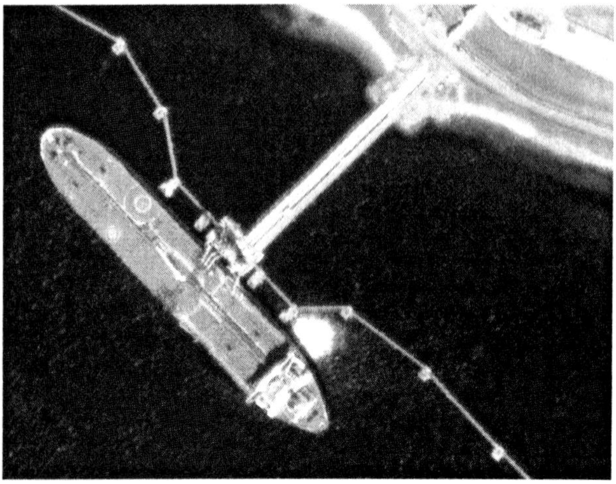

*Sullom Voe Oil Terminal*

bitten, zu kommen. Mit Mühe und Not konnte ich ihn auf einen Flug zwei Tage später buchen und bekam auch eine Unterkunft im Lager für ihn.

Um 10.00 Uhr kam das Flugzeug planmäßig an, und ich war bereit, den Herrn am Flugplatz abzuholen. Die Flugzeugtur öffnete sich und 43 Typen kamen die Treppe hinunter, die die üblichen blauen Parkas mit orangefarbigem Futter trugen. Nummer 44 war mein Besucher – ein mit einem Nadelstreifenanzug bekleideter Mann!

Wie sich herausstellte, war er der Chefdesigner der Hydraulikfirma, und nachdem wir uns begrüßt hatten, war seine erste Frage, auf welchen Rückflug er gebucht sei, da er an diesem Abend zu einer Party in Southampton gehen wollte – rund 1800 Kilometer von Sullom Voe weg. Er hatte offensichtlich nur mit einem Tagesausflug gerechnet. Ich sagte ihm höflich, dass ich von ihm zuerst eine Lösung des Problems erwarte und danach könnten wir uns mit seinem Rückflug befassen. Auf absehbare Zeit wäre er im Camp untergebracht. Er bestand jedoch darauf, nicht über Nacht auf Shetland zu bleiben.

Es stellte sich heraus, dass er auch keinerlei Arbeitskleidung oder Kleidung zum Wechseln dabei hatte. Wir gingen zum Schiffsanleger (Jetty), und ich erklärte ihm die bestehenden Probleme. Plötzlich öffnete sich der Himmel und mit einem Wolkenbruch schüttete es eisig kalten Regen. Es gab keinerlei Unterschlupf. Ich sah meinen Besucher an und bemerkte, wie die Ärmel und Hosenbeine seines Nadelstreifenanzugs langsam schrumpften, als er triefend nass wurde.

Es dauerte noch weitere drei Tage, bevor das Problem analysiert und behoben war, und der Bursche wurde auf der Baustelle berühmt unter dem Namen »Mr. Pinstripe«.

Als Ursache des Problems stellte sich heraus, dass ein Hydraulikverteilerblock falsch gebohrt war. Das war ein augenscheinlicher Beweis, dass die Anlage im Herstellerwerk nicht funktionsgeprüft worden war gemäß den gelieferten Zertifikaten. »Mr. Pinstripe« war in Verlegenheit. Ob er jemals wieder eine Baustelle besucht hat, ist mir nicht bekannt. Auf jeden Fall wechselten wir kurz nach diesem Zwischenfall unseren Hydrauliklieferanten.

Fazit: Jede Situation ist anders. Nimm es, wie es kommt. Wichtig ist, dass am Ende des Tages der Kunde zufrieden ist.

# Nordamerika

# Kanada

## Mit Hummer-Paul in Montreal

Wieder einmal bereitete ich mich vor, nach Kanada zu fliegen für ein weiteres Auftragsvergabegespräch bei Petrocanada, der damals größten staatlichen Energie-Gesellschaft, für Öl- und Heizöl-Schiffsverlader für deren Verladebrücken in Montreal.

Unsere Vertreter für Kanada waren eine große Stahl-, Ingenieur- und Handelsgesellschaft mit Firmensitz in Düsseldorf, die aber ihre nordamerikanischen Büros in Atlanta/Georgia hatte.

Der Verantwortliche für unsere Produkte war ein Mann mit dem Spitznamen Hummer-Paul. Ein Grund für diesen Namen war, dass er, wann immer er die Chance bekam, einen ganzen Hummer als Vorspeise verdrückte! Paul war mit einer französischen Lady verheiratet, einem Mitglied der französischen Aristokratie, die in einem Schloss in der Normandie wohnte. Immer wenn Paul dort war, ging er Hummer fischen – vielleicht war dies der zweite Grund für seinen Spitznamen.

Paul war eine imposante Erscheinung. Mit seinen ein Meter neunzig Größe, 95 Kilo, stahlblauen Augen und blonden Locken war er der typische Ladies' Man. Seine Sprache, zumindest sein Deutsch und Englisch, war die Art, die man in den feinen internationalen Internaten lernt. Unglücklicherweise kam dies gar nicht gut bei unseren amerikanischen Kunden an.

Damals arbeiteten die großen Firmen wie die, für die Paul arbeitete, ganz anders als heute. Er konnte fast komplett autonom in seiner Firma agieren und solange er am Jahresende schwarze Zahlen schrieb, konnte er gar nichts falsch machen.

Er hatte Firmenkreditkarten von allen renommierten Kartengesellschaften und benützte diese auch reichlich. Unglücklicherweise hatte er überhaupt kein detailliertes Interesse an den Produkten, die er vertrat, und das war auch der Grund, warum ich ihm immer bei Verhandlungen assistierte, besonders was technische Klärung betraf.

Wir hatten uns am Flughafen von Montreal verabredet und wollten gemeinsam zum Hotel im Zentrum von Montreal fahren – natürlich dem besten Hotel, das Paul in der Stadt finden konnte.

Nach einem zehnstündigen Flug kam ich am Mirabel International Airport an, aber Paul war nicht am Treffpunkt. Nachdem ich eine Stunde gewartet hatte, nahm ich ein Taxi zum Hotel. Bevor ich noch einchecken konnte, sah ich Paul in der Lobbybar genüsslich seinen Bourbon schlürfen.

Wie sich herausstellte, war er von Atlanta im Inlandsflughafen Dorval angekommen. Offensichtlich hatte er nie überprüft, dass Montreal zwei Flughäfen hatte (zu dieser Zeit). Es versteht sich von selbst, dass er nach seinem kurzen Flug von Atlanta voller Energie war und einen Tisch für uns beide zum Abendessen in einem Nobelrestaurant reserviert hatte. Ich hatte keine Zeit, mich frisch zu machen oder die Kleidung zu wechseln – wir eilten zum Restaurant.

Montreal ist stolz darauf, einige der besten französischen Restaurants in Kanada zu haben, und dies war eins davon. Unter diesen Gegebenheiten war es eine große Hilfe, dass Paul perfekt französisch sprach. Ich spreche nur Schulfranzösisch. Der Oberkellner und der Sommelier umringten uns während des ganzen Abends und obwohl ich nicht hungrig war, genoss ich das leckere Essen und die ausgezeichneten Weine ausgiebig.

Unglaublicherweise stellte sich heraus, dass der Oberkellner genau in dem Ort in der Normandie geboren war, wo Paul sein Schloss hatte. Die darauf folgenden Umarmungen ließen mich erröten. Der Oberkellner flüsterte Paul etwas zu. Er brachte eine Flasche mit 60 Jahre altem Armagnac und goss uns zwei Gläser ein. Ich war wirklich enttäuscht, als ich mein Getränk probierte. Offensichtlich konnte man diesen Armagnac nicht mehr trinken und auf dem Boden der Gläser waren weinsteinähnliche Sedimentflocken. Ich sagte nichts, da ich glaubte, die Getränke gingen auf das Haus. Als die Rechnung kam, wurden sie jedoch mit achtzig Dollar pro Glas berechnet! Das war jedoch kein Problem für Paul. Er zückte seine Kreditkarten und bezahlte die Rechnung von einigen hundert Dollar einschließlich eines noblen Trinkgeldes. Er glaubte wirklich, das Preis-Leistungs-Verhältnis hätte gestimmt – ich dachte, es war der pure Nepp.

Im Meeting am nächsten Tag erwähnte Paul unser Dinner vom Vorabend. Die Leute waren sehr beeindruckt. Ich hatte das Gefühl, sie hielten uns für Millionäre, da der verhandelte Endpreis, den sie aus uns herausquetschten, wirklich an der Grenze lag.

Fazit: Es bringt nichts, in den Kunden Neid zu erwecken – so kann man sich nur selbst schaden.

# USA

## Kulturelle Unterschiede können den Verkaufserfolg schmälern

Seit vielen Jahren hatte meine Firma ein Verkaufs- und Servicebüro in Houston/Texas für die nordamerikanischen Kunden, die generell nicht gerne direkt mit Deutschland kommunizieren, aufgrund des Zeitunterschiedes und eventueller Sprachprobleme. 1986 fanden wir einen geeigneten Texaner als Büroleiter für Houston. Er ist heute noch dort tätig für meine ehemalige Firma.

Der direkte Kontakt zwischen ihm und den amerikanischen Kunden hat sich als sehr wertvoll erwiesen und auch die amerikanische Art, Geschäftskontakte auf dem Golfplatz oder beim Tennis zu festigen, war dabei sehr hilfreich.

Seit Anfang der Neunzigerjahre haben wir an einer jährlichen Fachmesse und Tagung teilgenommen, die in einem großen Hotel in Houston stattfand. Dieses Hotel hat große Hallen und Tagungsräume für die Messe. Die Ausstellung zeigte die üblichen Anlagen und Geräte, die in Flüssig- und Gastanklagern zur Anwendung kommen wie Verladearme, Pumpen, Armaturen, Mess- und Regelgeräte sowie Zugangsbühnen und Klapptreppen. Mit den Jahren lernten sich alle Aussteller, aber auch potenzielle Kunden kennen, die jedes Jahr als Aussteller oder Besucher kamen und dort eine gute Zeit hatten.

Um diese Kunden zu bewirten, mieteten einige Aussteller Suiten im Hotel. Es gab einen Bar-Service mit allen Getränken sowie die üblichen Snacks wie Shrimps mit Cocktail-Sauce, Fleischbällchen und Ähnliches. Wir entschieden uns, dieses Mal etwas anderes anzubieten und in unserer Suite mit Spitzen-Mannequins eine Damen-Dessous-Show zu veranstalten.

An diesem Abend blieben die Suiten unserer Wettbewerber leer. Unsere Suite jedoch, die für vielleicht maximal 25 Personen ausgelegt war, musste plötzlich über 100 Besucher aufnehmen. Die heißen Mannequins und die aufgeregten Besucher verwandelten die Suite in ein türkisches Dampfbad.

Am nächsten Morgen wurden wir zu den Organisatoren der Messe gerufen. Die Geschäftsführerin machte uns unmissverständlich klar, dass, falls wir jemals so etwas wieder veranstalten würden, wir aus der Organisation hinausgeworfen würden. Unsere Firma wurde beschuldigt, »die Ehre der amerikanischen Frauen beleidigt zu haben«, und der einzige Grund, warum wir nicht sofort hinausgeworfen würden, wäre, dass wir als Europäer die amerikanischen Sitten nicht kannten.

Ich konnte überhaupt nicht verstehen, warum man so einen Wirbel machte. Auf jeden Fall schien unsere Veranstaltung gewirkt zu haben. Alle Besucher kamen zu unserem Messestand und äußerten sich positiv über unsere Wäscheshow. Wenn ich mich richtig erinnere, resultierte mindestens ein Großauftrag direkt daraus. Viele Besucher hatten auch für ihre Frauen Unterwäsche gekauft – ob die Größen passten, werden wir wohl nie erfahren.

Noch Jahre später wurde unser Büroleiter in Houston von scheinbar Fremden als »Dessous-Mann« angesprochen. Er wusste, dass wir mit den potenziellen Kunden ein Risiko eingegangen waren, aber es hatte sich ausgezahlt!

Fazit: Amerikaner und Europäer mögen sich äußerlich vielleicht gleichen, aber mental gibt es große Unterschiede. Amerikaner haben viele verschiedene Moralvorstellungen von puritanisch bis extrem liberal. Deshalb ist es wichtig, sich immer mit dem lokalen Partner abzustimmen, bevor man Verkaufsmethoden anwendet, die vielleicht in Europa erfolgreich sind, aber in den USA zu einem Desaster führen.

## Mit Hummer-Paul in New Orleans

Dieses Mal machte ich mich bereit, nach Atlanta zu fliegen, um von dort gemeinsam mit Paul nach New Orleans weiterzureisen. Seit langer Zeit hatte ich versucht, mit dem Geschäftsführer eines großen Chemielagers in St. Rose in der Nähe von New Orleans einen Termin zu bekommen. Endlich bekam ich »grünes Licht«, das war die Chance für Paul und mich, dort unsere Firmen und Produkte vorzustellen.

Wir nahmen einen Mietwagen vom Flughafen New Orleans nach St. Rose und kamen dort genau rechtzeitig für unsere Präsentation an. Der große Chef lud uns in sein vornehmes Büro ein, bestellte Erfrischungen bei seiner Sekretärin und lehnte sich zurück, um auf unsere Präsentation zu warten. Nachdem ich das Verhältnis zwischen Pauls Firma und meiner geklärt hatte und wir Visitenkarten ausgetauscht hatten, begann Paul mit seinen Ausführungen. Zu diesem Zweck versuchte er, Literatur und Firmenbroschüren, die er in seiner vornehmen und teuer aussehenden Aktentasche aus Krokodilleder hatte, zu überreichen. Unglücklicherweise konnte er diese nicht öffnen, da das Schloss klemmte. Ungefähr fünf Minuten lang mit steigender Ungeduld betrachteten der Geschäftsführer und ich Pauls erfolglose Versuche. Nun wurde der Chef der Wartungsabteilung zusammen mit seinem Chefmechaniker hereingerufen. Uns wurde die Zeit knapp, da man uns nur eine halbe Stunde für diesen Termin eingeräumt hatte.

Nach weiteren 15 Minuten zeigte die vereinte Anstrengung der Wartungsabteilung Erfolg. Wir übergaben die Broschüren, wechselten ein paar höfliche Worte und wurden dann freundlich hinauskomplimentiert. Ende – was für ein Desaster!

Wir fuhren zurück zu unserem Hotel im »Französischen Viertel« im Zentrum von New Orleans und das gefiel Paul schon besser. Wir machten uns frisch und hatten einige Happy Hour Cocktails. Danach aßen wir in Arnaud's Restaurant, zweifellos eines der besten Restaurants in den Vereinigten Staaten. Mit weiteren Drinks bei Blues und Jazz in verschiedenen Bars im Französischen Viertel rundeten wir den Abend ab.

Nun wurde es Zeit zu schlafen, da ich am nächsten Morgen einen frühen Flug nach Houston hatte. Ich plante, dort zusammen mit unserem Büroleiter weitere Kunden zu besuchen. Paul hatte andere Pläne. Als wir an einer weiteren Bar vorbeikamen, bestand er auf einem letzten Drink. Wir betraten die nur schummrig beleuchtete Bar. Während wir noch diskutierten, was wir trinken sollten, wurden wir von vier oder fünf sparsam bekleideten jungen Ladies umringt. Paul war sofort in seinem Element.

»Können wir Ihnen einen Drink anbieten, Ladies?«, fragte er. »Ja, bitte«, war die Antwort, »aber wir trinken nur Champagner.« »Kein Problem«, sagte Paul. »Wir schließen uns an.« An der Wand hinter dem Tresen waren mehrere Regale mit Batterien von Flaschen. Neben anderen Getränken gab es auch einige Magnumflaschen echten französischen Champagner. Ich fühlte mich nicht wohl. Das wurde garantiert kein billiger Abend, aber Paul stellte klar, dass alles auf seine Rechnung ging.

Die erste Magnumflasche wurde geöffnet und der Champagner wurde in Plastikbecher gegossen, die schon halb mit Eiswürfeln gefüllt waren. Es war eine ekelhafte Art, Champagner zu trinken, aber die Ladies genossen es.

Nach einigen Drinks bestanden sie darauf, für uns topless auf der Bar zu tanzen. Die Frau, die Paul am besten gefiel, hatte den Spitznamen Biggy aus offensichtlichen Gründen. Sie besaß beachtliche Oberweite, die der Schwerkraft trotzte. Als er sie in der dunklen Bar etwas genauer unter die Lupe nahm, konnte er ihre Brustwarzen nicht sehen. Paul merkte zu seinem Erstaunen, dass sie sich transparentes Klebeband darüber geklebt hatte. »Was soll das denn?«, fragte er. »Ach weißt du«, sagte sie, »Louisiana ist ein verrücktes Land. Es ist gegen das Gesetz, hier topless zu tanzen – daher das Klebeband!«

Die Klimaanlage war ziemlich kalt gestellt und die Ladies klammerten sich an uns, um etwas menschliche Wärme abzubekommen. Paul bestellte die nächste Magnumflasche. Der Abend wurde noch recht lustig, aber gegen 2.00 Uhr und drei Magnumflaschen später zum Stückpreis von 800 Dollar gingen wir wieder. Hummer-Pauls Kreditkarten kamen wieder voll zum Einsatz.

Während ich um 6.00 Uhr das Hotel verlassen musste, um meinen Flug nach Houston zu erreichen, konnte Paul ausschlafen. Er hatte noch den ganzen Tag Zeit, um nach Atlanta zurückzufliegen, nicht ohne vorher noch genüsslich Lunch einzunehmen im Commander's Palace, einem weiteren Spitzenrestaurant in New Orleans.

Fazit: Wir sind alle gleich, aber manche sind gleicher!

## Amerikanische Technologie in Atlanta/Georgia

Wieder einmal war es Sonntagmorgen und ich bereitete mich auf einen Flug in die USA vor, mit Terminen in Atlanta, New Orleans und Houston. Während ich in der Dusche stand, merkte ich plötzlich, dass ich fast nichts mehr hören konnte. Ich schüttelte den Kopf, um das Wasser aus den Ohren zu bekommen, aber es half nicht. Ich fuhr zum Flughafen in der Hoffnung, dass der geringere Luftdruck in der Flugzeugkabine mir helfen würde, wieder zu hören. Dem war nicht so. Zwölf Stunden später erreichte ich Atlanta und konnte immer noch nichts hören. Mein Vertreter holte mich vom Flughafen ab und brachte mich zum Hotel. Anschließend hatten wir Dinner. Er sprach viel, aber das machte wenig Eindruck auf mich, da ich ihn fast nicht hören konnte.

Am nächsten Morgen machte seine Sekretärin einen Termin für mich in einer Gemeinschaftspraxis, die auch Hals-, Nasen- und Ohrenärzte hatte. Der Arzt untersuchte mich und stellte fest, dass meine Ohren mit verhärtetem Ohrenschmalz komplett verstopft waren. Man konnte sie nur mit einer Spezialspülung wieder frei bekommen. Es scheint, dass meine Gehörgänge außergewöhnlich eng und daher für dieses Problem anfällig sind. Ich wurde von einer Schwester in ein Behandlungszimmer gebracht und gebeten zu warten.

Etwas später kam die Schwester zurück und war irritiert, dass ich meinen Oberkörper noch nicht frei gemacht hatte. »Wenn Sie sich nicht frei machen, wird Ihre Bekleidung leiden«, sagte sie. Ich folgte ihrem Ratschlag. Nach einer Weile kam sie mit einer großen Schüssel und einer Pumpe zurück und fing an, mir die Ohren auszuspülen. Nach kurzer Zeit war alles nass. Es gelang ihr jedoch, meine Ohren frei zu bekommen, und ich hörte wieder klar. Nun konnte ich mit meinen Terminen beginnen.

Etwa zwei Jahre später zu Hause in Deutschland bemerkte ich, dass ich wieder schlechter hörte. Nun kannte ich das Verfahren ja bereits und ging zum lokalen HNO-Arzt. Die Schwester brachte mich ins Behandlungszimmer und bat mich zu warten. Ich zog mein Hemd und Unterhemd aus und wartete. Als sie zurückkam, war sie total verblüfft. »Warum haben Sie sich ausgezogen?«, fragte sie. »Ich will nur an Ihre Ohren.« Ich errötete. Als sie mit der Behandlung anfing, begriff ich, was sie meinte. Dieses Mal wurde eine Art Ohrmuschel von der Größe eines Kopfhörers auf mein Ohr gestülpt. Der gesamte Spülvorgang fand in einem hermetisch abgedichteten Kreislauf statt und ich sah keinen einzigen Tropfen Wasser.

Jetzt verstand ich die Bedeutung von »small is beautiful«, aber in den USA muss natürlich alles größer sein als im Rest der Welt.

Fazit: Die USA haben die Technologie, zum Mond zu fliegen. Trotzdem, wenn Sie dort sind, halten Sie die Augen offen. Sie könnten viele Dinge erleben, die in anderen Ländern besser gelöst sind.

## Eine Nacht in Newark/New Jersey

Eine Zeit lang hatten wir Nonstop-Flüge vom Flughafen Köln-Bonn nach Newark/New Jersey. Das war für Anschlussflüge nach Houston/Texas sehr bequem mit Continental Airways und da wir ein Büro in Houston hatten, nahm ich diese Route regelmäßig. Natürlich war das Wetter in Newark oft ganz anders als in Houston und dort umzusteigen konnte zu bösen Überraschungen führen.

Im Juni hatten wir wieder für eine Woche eine Messe in Houston besucht und waren am Freitagnachmittag auf dem Rückflug Houston-Newark-Köln. Zufällig war es auch mein Geburtstag und ich freute mich auf meine Geburtstagsparty, die für den nächsten Tag geplant war. Ganz unerwartet gab der Pilot über die Sprechanlage bekannt, dass Newark gerade wegen schlechten Wetters geschlossen worden war und wir nach Baltimore umgeleitet würden. Mit sechstündiger Verspätung setzten wir von Baltimore unseren Flug fort, mit geringer Hoffnung, unseren Anschlussflug noch zu erreichen.

Als ich gerade im Waschraum war, erzählte mein Kollege der Flugbegleiterin, ich hätte Geburtstag und würde aufgrund der Verspätung meine eigene Party verpassen. Nach ein paar Minuten kamen zwei Flugbegleiterinnen mit einer Geburtstagstorte und einer Flasche Champagner und sangen »Happy Birthday To You«. Einige Passagiere schlossen sich an, ich war sehr gerührt.

Gegen Mitternacht kamen wir in Newark an und merkten bald, dass unser Flug nicht der Einzige war, der umgeleitet wurde. Tausende von Passagieren warteten auf ihr Gepäck. In unserem Fall gaben wir das Warten nach zwei Stunden auf. Die Fluglinie gab uns Gutscheine für ein Hotel in Newark, den Taxi-Transfer und das Essen im Hotel und Flughafen.

Um zirka 2.30 Uhr gingen wir raus zum Taxistand, um ein Taxi zu nehmen. Nachdem wir weitere 30 Minuten gewartet hatten, wurden wir von einem Angestellten der Fluglinie in ein Taxi gedrängt. Als der Fahrer hörte, dass wir mit Gutschein bezahlen wollten, bat er uns, das Taxi wieder zu verlassen, aber wir bewegten uns nicht. Da es für die Taxis nur eine Fahrspur gab und seine Kollegen hinter ihm schon ungeduldig hupten, musste er fahren. Wütend fuhr er uns wie ein Irrer nach Newark und ich war nicht sicher, ob wir unbeschadet ankommen würden. Der Idiot hätte von uns zwei Gutscheine für die Fahrt haben können, was 100 Prozent Trinkgeld bedeutet hätte, aber so, wie er uns behandelte, musste er sich mit einem Gutschein zufrieden geben.

Als ich das Hotel sah, musste ich die Stirn runzeln. Vor Jahren war ich mal dort gewesen und hatte schlechte Erinnerungen daran. Die Hotelbar war der Treffpunkt von Prostituierten und ihren Zuhältern gewesen.

Wir gingen ins Hotel zur Rezeption und man gab uns Zimmerschlüssel und einen bewaffneten Security Guard, der uns direkt in den Fahrstuhl und bis an unsere Zimmertüren begleitete. Offensichtlich war dies kein sicherer Ort. Mein Kollege und ich tauschten die Zimmernummern aus und wünschten uns eine gute Nacht. Ein paar Minuten später rief er mich wieder an und teilte mir seine neue Zimmernummer mit. In seinem ursprünglichen Zimmer lag anscheinend bereits ein farbiger Gentleman im Tiefschlaf in seinem Bett, als er den Raum betrat. Da dieser sehr gut gebaut war, wollte er ihn nicht provozieren.

Am nächsten Morgen nach dem Frühstück schauten wir uns um, um zu sehen, wo wir gelandet waren. Das Hotel war vis-à-vis vom Hauptbahnhof Newark und mit diesem über eine überdachte Fußgängerbrücke verbunden. Diese war in der Zwischenzeit mit Stacheldraht gesperrt worden und ich kam mir wie in einer Kriegszone vor. Als wir den Bahnhof über der Straße besuchten, sahen wir dort im und vor dem Gebäude überall Drogensüchtige herumliegen. Das gesamte Gebiet war eine »no go zone«. Für meinen Geschäftsführer war dies ein absoluter Kulturschock.

Wir fuhren zum Flughafen zurück und nun begann sich alles zu normalisieren. Unser Gepäck war gefunden worden und man hatte uns auf einen geeigneten Flug nach Deutschland gebucht. In der Zwischenzeit hatte ich meine Frau angerufen und sie und die Gäste gebeten, die Party ohne mich zu beginnen.

Fazit: Nehmen Sie es, wie es kommt. Am Ende klärt sich immer alles. Andererseits ist es eine bessere Idee von Deutschland einen Nonstopflug bis zum Zielort zu nehmen oder umgekehrt, um das Obige zu vermeiden.

## Hurricanes in New Orleans

New Orleans ist unter anderem bekannt für seine Hurrikane wie zum Beispiel Katerina im August 2005 mit verheerenden Folgen.

Der andere Hurricane, nämlich der gleichnamige Cocktail, der ursprünglich in Pat O'Brians Bar in New Orleans kreiert wurde, schlägt jedoch noch viel häufiger zu. Dieses Gemisch aus reichlich Rum, Maracujasirup, Orangensaft, Ananassaft und Grenadine schmeckt nach mehr, ist aber äußerst heimtückisch. Dieses Getränk wurde im Zweiten Weltkrieg erfunden und wird traditionell in einem Glas, das der Hurricanelampe nachempfunden ist, serviert.

1990 hatte ich mal wieder ein Auftragsvergabegespräch bei einem Ingenieurbüro in New Orleans. Damals arbeitete ich für eine mittelständische Firma in Kamen. Der Firmeneigner wollte unbedingt mitkommen nach New Orleans, um diese wunderbare Stadt kennenzulernen. Zu den eigentlichen Verhandlungen konnte er nichts beitragen, da er mit der Technik des Produktes nicht vertraut war. Seine Qualifikationen bestanden in zwei Semestern Studium Welthandel. Er hatte die Firma von seinem Vater geerbt.

Die Verhandlungen dauerten von 8.00 Uhr früh bis zirka 19.00 Uhr ohne Unterbrechung. Dies war für meinen Chef eine Tortur, da er bis zum Schluss nichts dazu beitragen konnte. Es gab auch keine Preisverhandlungen, sondern es wurde nur abgeklärt, dass der angebotene Liefer- und Leistungsumfang genau der Ausschreibung entsprach. Als die Verhandlung zu Ende war und wir den Auftrag hatten, gab es für ihn kein Halten mehr. Nach einem kleinen Snack ging es sofort in die Pianobar bei Pat O'Brians, wo wir den Hurricane rundenweise vernichteten.

Außer meinem Chef und mir waren auch meine Vertreter aus Atlanta/Georgia und Houston/Texas dabei. Leider vertrug mein Boss Alkohol nicht und mit jedem Drink wurde er lauter. Dies war sehr unangenehm, da die meisten Gäste der Pianistin und Sängerin andächtig lauschten und sich gestört fühlten. Ich fühlte mich erst wieder wohler, als wir gegen Mitternacht aufbrachen, da mein Vertreter aus Houston und ich am nächsten Morgen einen Frühflug nach Houston hatten.

*New Orleans 1990*

Als ich aufstand, sprach mich eine Dame, die einen Tisch hinter uns gesessen hatte, an. »War der Herr neben Ihnen Ihr Chef?«, fragte sie. »Das ist richtig«, erwiderte ich verwundert. »Wissen Sie«, sagte die Dame, »der war so laut, dass wir ihn gar nicht überhören konnten. Ich bedaure, dass Sie für so einen Menschen arbeiten müssen. Der führt sich ja auf wie ein Diktator der schlimmsten Sorte – wie eine Wiedergeburt von Adolf Hitler.« Das gab mir sehr zu denken, denn ich hatte das gar nicht mehr so schlimm empfunden. War ich schon so abgestumpft? Daraufhin begann ich mich anderweitig zu orientieren und wechselte im Januar des neuen Jahres die Firma.

Am folgenden Morgen wachte ich mit nicht unerheblichen Kopfschmerzen auf. Mein Kollege und ich quälten uns zum Flughafen und checkten für den Flug nach Houston ein. Die Dame hinter dem Schalter sah uns an und meinte: »Waren Sie nicht gestern Abend bei Pat O'Brians?« »Richtig«, sagten wir. »Haben Sie uns dort gesehen?« »Nein, nein«, sagte sie, »ich erkenne sofort an den Augen meiner Kunden, wenn sie am Vorabend Hurricanes getrunken haben. Das ergibt nämlich eine ganz typisch rote Augenfarbe.« Das gab mir natürlich zu denken. So wollte ich meinen Kunden nicht auffallen. Nach ein paar Aspirin und Gläsern Wasser waren wir in Houston wieder fit.

Fazit: Man sollte im Ausland nie vergessen, dass man dort Botschafter von Deutschland ist. Negative Eindrücke vergisst man nicht so schnell und diese Dame erinnert sich garantiert noch heute an meinen ehemaligen Chef.

*In der Flughafenlounge in Nizza 2005*

*Unter Ariern – 1993*

*Kulturelle Unterschiede in Houston/Texas 1997*

*Messe in Seoul/Südkorea 2001*

*Visumprobleme in Fuzhou/China 2004*

*Know-how-Transfer in Lianyungang/China 1994*

*Geschäfte in Singapore 1992*

*Seoul/Korea 1990*

*Yuhuan/China i1996*

*Lake Charles/USA 2004*

*Besuch aus Japan in Dortmund 2003*

*Beim Dinner in Mai Liau/Taiwan 2004*

*Mittagspause in Yokohama/Japan 2001*

*Eine unglaubliche Geschichte – hinter der Theke in Tokio 2003*

Feierabend in Seoul/Korea 2003

Katar – Messe in Doha/Katar 2004

*Hurricanes in New Orleans 1990*

*Meeting in Karratha/Australien 2003*

*Offizielle Verabschiedung am 24. Juni 2005 in Schwelm*

*Im Büro in Houston 2003*